Otmar Jenner

Sterbegesänge

Ein Reiseführer in die nächste Welt

Der Text dieses Buches entstammt dem Buch
Das Buch des Übergangs: Spirituelle Medizin und Sterbebegleitung
von Otmar Jenner.

© 2007 by Ullstein Buchverlag GmbH, Berlin
erschienen bei Allegria Verlag

ISBN 978-3-8434-5080-5

Otmar Jenner:
Sterbegesänge
Ein Reiseführer in die nächste Welt
© 2013 Schirner Verlag, Darmstadt

Umschlag: Murat Karaçay, Schirner, unter Verwendung von #36177470 (rolffimages), www.fotolia.com
Redaktion & Satz:
Bastian Rittinghaus, Schirner
Printed by: ren medien, Filderstadt, Germany

www.schirner.com

1. Auflage August 2013

Alle Rechte der Verbreitung dieser Ausgabe, auch durch Funk, Fernsehen und sonstige Kommunikationsmittel, fotomechanische oder vertonte Wiedergabe sowie des auszugsweisen Nachdrucks vorbehalten

Inhalt

Vorwort 5
Anzeichen für den Beginn der Sterbephase und die
Stadien der inneren Auflösung 12
Warum die »Sterbegesänge« an manchen Stellen ganz schön
heftig sind und wie sie am Sterbebett gelesen werden 17
Übersicht über die Lesungen der Gesänge 20

Todesmoment und transsubjektive Sphäre 23
    I – Anrufung der Heiligen, Engel und Meister 23
    II – Phänomene beim Übergang 25
Der Übergang 29
    III – Die Pforte 29
    IV – Die Realität des Lichtes der einen Quelle 30
    V – Die Erfahrung des Lichtes der einen Quelle 31
    VI – Der himmlische Führer als Quelle 33
Die Traumphase des Todes und der Auftritt der gütigen Geister ... 35
    VII – Das Auftauchen des himmlischen Führers und die
    Visionen der geistigen Welt 35
    VIII – Das strahlend blaue Licht der Weisheit der endgültigen
    Wirklichkeit, der himmlische Führer als kosmischer Geliebter,
    die Möglichkeit einer verblendeten göttlichen Wiedergeburt ... 40
    IX – Das blendend weiße Licht der spiegelgleichen Weisheit
    und der trübe Schein der höllischen Sphären 46
    X – Das leuchtend gelbe Licht der ausgleichenden Weisheit
    und das sanfte blaue Licht der Menschenwelt 49
    XI – Das klare rote Licht der unterscheidenden Weisheit und
    das schmutzige gelbe Licht der Sphäre der Hungerwelt 52
    XII – Das grüne Licht der allesvollendenden Weisheit und
    das trübe rote Licht der Sphäre der Titanen 55
    XIII – Die Strahlen der fünf Weisheiten als siegreiche Eroberer
    und die trüben Lichter aus fünf Bereichen des Daseins 58
    XIV – Die Strahlen der fünf Weisheiten als Hüter des
    Wissens und das trübe grüne Licht der Tierwelt 66

Die Traumphase des Todes und der Auftritt der
grimmigen Geister 72
- XV – Die Erscheinung des Hochmuts 72
- XVI – Die Erscheinungen des Hasses 76
- XVII – Die Erscheinung des Stolzes 77
- XVIII – Die Erscheinung der Gier 79
- XIX – Die Erscheinung des Neides 81
- XX – Auftritt der acht Dämonen 83
- XXI – Auftritt der Wächterinnen und Schlüsselträger 85

Die Phase des Erwachens und Werdens 93
- XXII – Grundsätzliche Belehrungen zur Vorbereitung
  der Wiederverkörperung 93
- XXIII – Meine magischen Fähigkeiten 98
- XXIV – Das Gesetz von der Anziehung der Negativität.....100
- XXV – Guter Rat und die Tränen der anderen 103
- XXVI – Im Wind der Evolution 105
- XXVII – Die Fallen der falschen Gebärmütter 106
- XXVIII – In der Flut der Gedanken 108
- XXIX – Der Herr des Todes erscheint 111
- XXX – Der Moment der Entscheidung............................113
- XXXI – Der Weg der Besitzlosigkeit 115
- XXXII – Auftritt der trügerischen Erscheinungen............. 116
- XXXIII – Die Lichter der sechs Dimensionen des Daseins ... 117
- XXXIV – Auftritt der möglichen Eltern............................ 119
- XXXV – Sehnsucht, Anziehung, Täuschung und die
  erste Möglichkeit, eine Geburt zu verhindern..................121
- XXXVI – Die zweite Möglichkeit, eine Geburt zu verhindern 123
- XXXVII – Die Wahl des Geschlechtes und die
  dritte Möglichkeit, eine Geburt zu verhindern..................124
- XXXVIII – Die vier Arten der Geburt und die vierte
  Möglichkeit, sie noch zu verhindern 127
- XXXIX – Die fünfte Möglichkeit, eine Geburt noch
  zu verhindern..129

Die Wachphase der Wiedergeburt 133
- XL – Grundsätzliche Belehrung vor der Wiedergeburt.......133
- XLI – Visionen zur Wiedergeburt 137
- XLII – Der letzte Ansturm der Evolution 140
- XLIII – Wiedergeburt im Reinen Land des Wissens 141
- XLIV – Der kosmische Geliebte siegt über die Dämonen....143

Vorwort

Der Weggang aus dem Leben ist ein Abenteuer. Nicht wenigen Menschen erscheint es so groß, dass sie Angst davor haben. Meistens wächst ihre Angst noch, wenn ihr Tod naht.

Umso mehr wünschen sie sich hingebungsvolle Nähe, mitfühlende Gegenwart und liebevolles Geleit auf der ansonsten einsam anmutenden Reise in die Welt des Jenseits.

Leider bieten westliche Religion und Philosophie wenig, um diesen schwer anmutenden Weggang zu erleichtern. Mit Schmerzmitteln zum Ein- und Entschlafen für immer ist es jedenfalls nicht getan.

Warum?

Weil bei Sterbenden im Moment des Todes nicht einfach nur das Licht ausgeht. Weil die Seele nicht stirbt, wenn sie den biologischen Körper im Todesmoment verlässt. Weil sie vielmehr mit dem Todesmoment auf eine Reise geht.

Dieser Weggang der Seele ist beobachtbar, und viele Sterbebegleiter berichten davon. Im Moment des Todes konnten sie ein Flirren über dem Kopf von Sterbenden wahrnehmen, fein leuchtend wie äußerst feiner Nebel. Und nicht wenige fühlten sich zart angerührt, gestreift wie von einem Hauch des Heiligen im Augenblick des Weggangs.

Wer das erlebt hat, weiß, dass Seelen nicht sterben.

Doch: Was tun mit diesem Wissen?
Wenn die Seele weggeht – aus diesem Leben woandershin –, wie orientiert sie sich dann? Woran kann sie sich halten, wenn sie in einer Kultur gelebt hat, in der von diesem Weggang kaum die Rede ist und das Wissen, wo man nach dem Weggang hinkommt, kaum oder gar nicht vorhanden ist?
Die Möglichkeit eines Daseins nach dem Tode und die Möglichkeit einer Wiedergeburt werden in der westlichen Kultur entweder abgestritten oder ignoriert.
Umso einsamer erscheint der Prozess des Sterbens.

Nachdem ich *Das Buch des Übergangs* geschrieben und im Jahr 2007 veröffentlicht hatte, erhielt ich viele Anfragen zu den darin enthaltenen »Sterbegesängen«.
Die »Sterbegesänge« sind Texte, die von den Stadien des Übergangs handeln und die wechselnden Phasen in der Zwischenwelt des Todes beschreiben. Sie werden Sterbenden von Angehörigen, Freunden oder anderen nahestehenden Personen vorgelesen, wenn sie im Begriff sind, das Leben zu verlassen. Im eigentlichen Sinne sind diese Texte daher keine »Gesänge«, denn sie sollen nicht gesungen, sondern gelesen werden. Möglichst deutlich, möglichst bewusst. Weil auch die Achtsamkeit der Leserinnen und Leser gegenüber den Inhalten der »Sterbegesänge« den sterbenden Menschen, für die sie ja gelesen werden, hilft.
Sterbende spüren die innerste Befindlichkeit und verborgenste Intention von Angehörigen und Freunden

meistens deutlicher als andere Menschen. Weil Wahrhaftigkeit und liebevolle Zuwendung für sie das Wichtigste sind, wünschen sie keine halbherzigen Worte und wollen auch von Ratschlägen verschont werden, die vor allem der Bequemlichkeit der Freunde und Angehörigen dienen. Umso mehr schätzen sie hingebungsvolle Nähe und hilfreiche Worte für einen furchtloseren und bewussteren Weggang aus dieser Welt.

Lediglich der tibetische Buddhismus vermittelt konkrete Anhaltspunkte für den Seelenweg aus dem Leben, in den Tod und darüber hinaus, dargelegt im »Tibetischen Totenbuch«, *Bardo thos grol* genannt. Denn für die alten Tibeter war Sterben eine Kunst, die volle Aufmerksamkeit verdient. Die Seele geht auf eine Reise. Im Sterbeprozess verlässt sie den biologischen Körper, reist durch den Todesmoment in die Jenseitswelt, um dann die wechselnden Zustände des Todes zu durchlaufen.
Wo eine Welt ist, sind auch Wege in und durch diese Welt. Das gilt auch für die Welt des Jenseits, und das *Bardo thos grol* beschreibt diese Wege, mögliche Weggabelungen, wahrscheinliche Wegkreuzungen und womöglich vorhandene Sackgassen.
Doch diese Kartografie der Welt des Todes ist für westliche Menschen mit westlichen Seelen weitgehend unverständlich.
Hier sollen die »Sterbegesänge« hilfreich sein. Dieser »Reiseführer in die nächste Welt« beruht auf dem *Bardo thos grol,* ist als moderne Adaption aber wesentlich

nachvollziehbarer und verständlicher als das »Tibetische Totenbuch«.
Wie das *Bardo thos grol* werden die »Sterbegesänge« am Sterbebett und über den Tod hinaus gelesen – in der Annahme, dass die Seele des sterbenden und später gestorbenen Menschen dies hört. Sie hört bis zu 49 Tage nach Eintritt des Todes.

Als spiritueller Heiler befasse ich mich auch mit den Bedingungen des Lebens und Sterbens. Das Aufleben, also Zeugung, Schwangerschaft und Geburt, prägt in einem sehr hohen Maße das weitere Leben. Genauso hat das weitere Leben einen starken Einfluss auf die Art, wie die Seele aus dem Leben geht: ob in Frieden, bei vollem Bewusstsein oder unter einschränkenden Bedingungen.
Ideal, meint das *Bardo thos grol* und beschreiben auch die »Sterbegesänge«, ist der Weggang aus dem Leben direkt ins Licht der einen Quelle, also ins Licht Gottes, in das transpersonale göttliche Sein, einen Ozean aus Licht.
Dieser Ozean aus Licht kann zu Lebzeiten von manchen Menschen in der Tiefschlafphase bewusst wahrgenommen werden. Das ist eine Art kleiner Erleuchtung. Alle Menschen erleben sie im Tiefschlaf in jeder Nacht ihres Lebens, meistens jedoch unbewusst. Wird dieses Licht allerdings im Wachzustand wahrgenommen, ist hinterher nichts mehr wie vorher. Die Lichterfahrung ist so überwältigend, dass sie als Erleuchtung das weite-

re Leben prägt. Doch auch diese Erfahrung, die in der heutigen Zeit immer mehr Menschen machen, ist noch keine vollständige Erleuchtung. In der vollständigen Erleuchtung lässt das Individuum die Grenzen individuellen Daseins hinter sich, um ungeformtes, grenzenloses, lichtes, göttliches Sein zu werden. Ein Sein jenseits individuellen Daseins im sogenannten Labyrinth des Lebens und Sterbens.

Dieses ist daher das heiligste Ziel der »Sterbegesänge«: die aus dem Leben abreisende Seele im Todesmoment oder in der Zwischenwelt des Todes direkt in die vollständige Erleuchtung im klaren Licht der einen Quelle allen Seins zu führen.

Ins Licht zu leiten ist also das äußerst subtile Anliegen der »Sterbegesänge«.

»Angenommen, der Tod ist ein Umzug der Seele. Sie packt zwar keine Koffer, verlässt aber den Körper und geht auf eine Reise. Diese Reise steckt voller Abenteuer. Um sie zu meistern, muss man gut vorbereitet sein. Der Reiseführer, den man dafür benutzt, muss aktuell, verständlich und praktikabel sein«, erklärte ich Leonie, deren Weg in den Tod ich begleitete und später im *Buch des Übergangs* beschrieb.

Leonie bat mich, ihr die »Sterbegesänge« vorzulesen. »Bitte, lies mir aus deinem Reiseführer vor«, forderte sie mich meistens auf, nachdem wir geredet hatten und ich sie energetisch behandelt hatte.

Auch noch rund zehn Jahre nachdem ich die Eingebung dazu erhielt und daraufhin die »Sterbegesänge« zu Papier brachte, erscheint mir die Formulierung »dein Reiseführer« nicht passend. Als ob ich dazu in der Lage wäre, etwas so Feines und von besonderem Wissen Durchwobenes einfach so hinzuschreiben. Tatsächlich erscheinen mir die »Sterbegesänge« als zunehmend größeres Mysterium.

Gerade habe ich alle 45 vertont, also mit Musik unterlegt, gesprochen und den Schluss gesungen. Staunend erlebte ich dabei die Tiefe der Texte und habe mich zu keiner Zeit als ihr Autor gefühlt, obwohl ich sie doch einst selbst aufgeschrieben habe. Das klingt vielleicht so, als wollte ich mich an dieser Stelle mit etwas sehr Großem schmücken, ist aber ganz anders gemeint. Nämlich als Erklärung der Demut und Dankbarkeit für etwas, was ich als Gnade empfangen durfte.

Viele Leserinnen und Leser vom *Buch des Übergangs* haben die darin enthaltenen »Sterbegesänge« meiner Empfehlung folgend Sterbenden am Sterbebett vorgelesen. Zu gern hätten sie dafür ein eigenes Buch nur mit den »Sterbegesängen« gehabt. Denn das Suchen nach den Textstellen im *Buch des Übergangs* erwies sich als umständlich.

Deshalb nun das vorliegende Buch. Als *Sterbegesänge – Ein Reiseführer in die nächste Welt* vereint es die am Sterbebett zu lesenden Texte in einem Band.

Darüber hinaus erhielt ich viele Anfragen von Leserinnen und Lesern, die sich die »Sterbegesänge« von mir gesprochen wünschten. Die Box mit vier CDs erscheint daher nun wunschgemäß zeitgleich mit diesem Buch.

Alles Liebe

Ihr

Otmar Jenner

Anzeichen für den Beginn der Sterbephase und die Stadien der inneren Auflösung

Bei den meisten Menschen, die natürlich sterben, tritt der Tod zwischen zwei und sieben Uhr morgens ein. Fast immer beginnt die Sterbephase etwa eine Stunde bis fünfzehn Minuten vor dem letzten Ausatmen mit einer plötzlichen Unruhe der oder des Sterbenden. Sterbende können ihre Hände dann nicht mehr still halten, greifen ins Leere oder nach der Hand eines Begleiters im Sterbeprozess. Sie atmen etwas schneller als zuvor. Ihr Blick geht dabei ins Leere.
Dann lockert sich der eben noch womöglich überraschend feste Händedruck. Aus der Nase beginnt Sekret zu fließen, aus dem Mund Speichel. Es kommt zu Ausbrüchen von kaltem Schweiß bei der sterbenden Person. Ihre Glieder beginnen zu zittern. Die Atmung verlangsamt sich und wird flacher. Bis die Lebenskraft in einem letzten Ausatmen verströmt.

Auf der subtilen Ebene tritt die oder der Sterbende mit dem Beginn des Sterbeprozesses in die Stadien der inneren Auflösung ein. Dabei werden acht Stadien durchlaufen, und die fünf Elemente, aus denen der physische Körper mit seinen physischen Sinnen aufgebaut ist, lösen sich nacheinander auf: Erde, Wasser, Feuer, Luft und Raum verlieren ihr harmonisches Gleichgewicht und werden zu feingeistigeren Essenzen.

Wie Erde in Wasser versinkt, fühlen sich Sterbende versinken, schmelzen, zerfließen, ihre Form verlieren. Sie können ihre Augen nicht mehr öffnen oder schließen, andere Menschen nicht mehr visuell wahrnehmen, den Kopf nicht mehr halten, ihre Nase beginnt zu laufen, Speichel fließt aus dem Mund. Ein Prozess unweigerlicher Auflösung, begleitet von verschwimmender optischer Wahrnehmung, erst gelblich, dann bläulich eingefärbt – das erste Stadium der inneren Auflösung.

Wie Wasser sich in Feuer auflöst, sehen sich Sterbende dann in bläulichen Rauch oder Nebel gehüllt. Die Körpersäfte beginnen auszutrocknen. Die akustische Wahrnehmung schwindet, der Tastsinn und das Gefühl für die Außenwelt gehen verloren. Die Atmung wird kürzer. Das geistige Auge erblickt Halluzinationen. Ob furchterregend oder angenehm, hängt von der individuellen geistigen Entwicklung ab – das zweite Stadium der inneren Auflösung.

Wie Feuer sich in Wind auflöst, spüren Sterbende nun klamme Kälte. Ihr Geruchssinn erlahmt, ihre Körpertemperatur sinkt schnell, es findet keine Verdauung mehr statt. Nahestehende Personen können nicht mehr unterschieden werden. Zitternd beginnen die Sterbenden zu frieren und können nicht mehr sprechen. Die Kehle trocknet aus, sie spüren großen Durst. Während sich ihre Atmung wieder verlangsamt und schwächer wird, sehen sie sich inmitten von Rauchschwaden, umgeben von stiebenden Funken oder Glühwürmchen – das dritte Stadium der inneren Auflösung.

Wie Wind sich im Raum verströmt, kommt die Atmung zum Erliegen. Der Geschmackssinn geht verloren, die Zunge schwillt an, Totenblässe entsteht. Sterbende sind nun klinisch tot und werden zu Reisenden. Die feinstofflichen Energien ziehen sich durch den Zentralkanal zum Herzen zurück. Reisende hören in diesem Stadium lautes Donnern, Sirren oder Glockenläuten und erblicken in ihrer inneren Wahrnehmung ein Licht wie eine rußende Kerzenflamme, die zu verlöschen droht. Sie sehen sich mit Ängsten konfrontiert – das vierte Stadium der inneren Auflösung.

Wie Raum sich in Bewusstsein auflöst, wird äußerlich der Tod erkennbar. Der Stoffwechsel erliegt. Der subtile hellblau-türkisfarbene Tropfen, den alle Reisende mit ihrer Zeugung von ihren Vätern bekamen, sinkt vom Hirn durch den feinstofflichen Zentralkanal hinab in Richtung Herz und kommt oberhalb des Herzens zum Stillstand, denn noch ist das feinstoffliche Herzzentrum intakt. Reisende erblicken nun gedämpftes, bleiches Licht – wie Mondlicht in einer sternenklaren Nacht –, ihr Bewusstsein wird traumartig nebulös. Die Fähigkeit zu Wut und Zorn geht verloren. Der transsubjektive Impuls zur hochfeinen Sphäre, zur Quelle, erwacht. Es bietet sich die erste Chance zur Glückseligkeit und Erleuchtung – im fünften Stadium der inneren Auflösung.

Wie wenn Bewusstsein durchsonnt wird, steigt der rote Gewahrseinstropfen, den alle Reisende mit ihrer Zeugung von ihren Müttern bekamen, aus den Genitalien zum Herzen und kommt vor dem noch intakten Herzzentrum zum Stillstand. Jegliches Verlangen endet. Reisende sehen das orangerote Licht eines prächtigen Sonnenuntergangs. Die zweite Chance zu Glückseligkeit und Erleuchtung bietet sich – im sechsten Stadium der inneren Auflösung.

Wie wenn Licht sich in Leere auflöst, schrumpft das feinstoffliche Herzzentrum, der rote und der hellblau-türkise Gewahrseinstropfen strömen in die feinste Essenz der Reisenden, den weißen, opalisierenden, unzerstörbaren Tropfen im Herzen, und nehmen das Bewusstsein mit. Die Impulse der Ignoranz lösen sich auf. Reisende öffnen sich ihrer angeborenen Weisheit. Ein sternloser Nachthimmel tut sich in der Wahrnehmung auf, ein endloser Raum voll schwarzem Licht. Die dritte Chance zu Glückseligkeit und Erleuchtung – im siebten Stadium der inneren Auflösung.

Wie wenn Bewusstsein sich in Leere auflöst, lösen sich im achten Stadium der inneren Auflösung alle Energien im unzerstörbaren Tropfen auf. Der Herzknoten, ein Komplex aus Zentralnervensystem und feinstofflichen Energiebahnen, platzt, und die Seele löst sich. Sie besteht aus subtilem Gewahrsein, dem seelischen Anteil, und äußerst subtilem, dem geistigen Gewahrsein. Die Seele schießt aus dem Herzzentrum in den Zentralkanal in der Wirbelsäule und, je nach Bewusstseinsreife, durch den After oder durch die Pfeilnaht am höchsten Punkt des Schädels aus dem physischen Körper. Zwanzig bis dreißig Minuten nach dem klinischen Tod ist dies der tatsächliche Eintritt des Todes. Reisende haben das Gefühl, durch einen Tunnel gezogen zu werden, und auch eine derartige visuelle Wahrnehmung. Verlässt die reisende Seele den Körper durch den höchsten Punkt am Schädel, hat sie die beste Chance, nun das Licht der einen Quelle wie das Licht eines Morgenhimmels vor Sonnenaufgang zu sehen.

Dies ist der Moment, in dem das subjektive Selbst, die Seele, in Ohnmacht fällt und das transsubjektive Selbst, der Geist, von seinem subjektiven Anteil befreit, also entkoppelt von der Illusion individuellen Bewusstseins, die Sphäre göttlichen Gewahrseins erreicht. In diese hochfeine Sphäre kann man nur als transsubjektiver Geist, als feinste Essenz gelangen. Im Licht der einen Quelle bietet sich nun die Chance der vollständigen Erleuchtung und der vollkommenen Befreiung aus dem Rad der Wiedergeburt – wenn man als reisender Geist reif dafür ist.

Warum die »Sterbegesänge« an manchen Stellen ganz schön heftig sind und wie sie am Sterbebett gelesen werden

Die »Sterbegesänge« beschreiben Gesetzmäßigkeiten des Werdens und Vergehens menschlichen Daseins. Die Beschreibungen sind konkret und gleichzeitig poetisch. Sie sind ganz direkt und handgreiflich zu verstehen und gleichermaßen auch metaphorisch.
Das wirkt wie ein Widerspruch – aber nur auf der rationalen Ebene.
Manche Passagen der »Sterbegesänge« enthalten drastische Darstellungen, die Leserinnen und Leser erschrecken könnten. Und eine simple Frage drängt sich dabei auf: Hätte man das nicht weglassen können?

Wozu die krassen Darstellungen?

Die »Sterbegesänge« sind als eine Landkarte ins Licht zu verstehen. Doch auf dem Weg dorthin warten dunkle Abgründe – meistens als Anziehung der trüben Lichter beschrieben.
Wie im Leben kann man sich auch in der Zwischenwelt des Todes verlaufen. Wie das Leben ist auch die Welt des Todes nicht frei von Irrtümern. Wie im Leben können Individuen auch im Jenseits die Balance verlieren. Sie können fallen und leidvolle Erfahrungen machen.
Der Reiseführer muss die Abgründe und Untiefen, die Schrecken und möglichen Schmerzen benennen, damit

die durch die Jenseitswelt reisende Seele sie meiden kann. Was nicht benannt wird, könnte womöglich in der Folge nicht vermieden werden.
Der Reiseführer durchs Totenreich muss daher immer vom Schlimmsten ausgehen.
Die Verharmlosung von Irrtümern dient niemandem. Weichgespülte Ratschläge braucht man nicht. Tatsächlich führen Ratschläge aus falscher Nettigkeit nur zu umso größeren Irrtümern.
Ist die aus dem Leben scheidende Seele im Licht der Erkenntnis angekommen, braucht sie keine Ratschläge mehr, also auch keinen Reiseführer und keine »Sterbegesänge«. Doch auf dem Weg dorthin bekommt sie wertvolle Anhaltspunkte für ihren weiteren Weg.

Wie das möglich ist, wenn der Mensch doch tot ist?

Die ins Zwischenreich des Todes reisende Seele nimmt wahr, was die Hinterbliebenen denken und sagen, vor allem, wenn sie es deutlich und in Ruhe aussprechen – daran glauben die tibetischen Buddhisten, und ich bin auch davon überzeugt.

Die »Sterbegesänge« sind also ruhig und deutlich zu lesen. Nicht zuletzt, weil Sterbende mit extremen Sinneswahrnehmungen konfrontiert werden und eine umso bewusstere und klarere Leitung brauchen. Idealerweise wird mit den Lesungen einige Stunden vor Eintritt des klinischen Todes begonnen.

Die Lesungen sind für den Zeitraum von 49 Tagen sinnvoll, heißt es bei den Tibetern. Ich meine, Leserinnen und Leser folgen am besten ihrem eigenen Empfinden. Wenn sie spüren, dass die reisende Seele bereits im Licht angekommen ist, bedarf sie der Lesungen jedenfalls nicht mehr.

Nicht wenige Leserinnen und Leser der »Sterbegesänge« haben allerdings festgestellt, dass die Lesungen ihnen selbst Halt gaben im Prozess des Loslassens und Trauerns um den dahingegangenen Menschen, und haben sie daher für sich selbst weitergelesen.

Auch für Trauernde habe ich die Gesänge nun vertont.

Wann und wie oft die einzelnen Sterbegesänge zu lesen (oder in der vertonten Form abzuspielen) sind, steht im nachfolgenden Kapitel.

Übersicht über die Lesungen der Gesänge

- Der Todesmoment, die transsubjektive Sphäre und der Übergang – Gesänge I bis VI
- Die Traumphase des Todes und der Auftritt der gütigen Geister – Gesänge VII bis XIV
- Die Traumphase des Todes und der Auftritt der grimmigen Geister – Gesänge XV bis XXI
- Die Phase des Erwachens und Werdens – Gesänge XXII bis XXXIX
- Die Phase der Wiedergeburt – Gesänge XL bis XLV

Bis zum Eintritt in die Sterbephase: Lesung des I. und II. Gesangs.

Beim Eintritt in die Sterbephase: Lesung des II. Gesangs bis zum Erliegen des Atems.

Ab dem Erliegen des Atems: 10 Minuten absolute Ruhe und eine Stunde möglichst keine Berührung.

10 Minuten nach Erliegen des Atems: Lesung des III., IV., V. und VI. Gesangs.

Zumindest nach Eintritt des Todes sollte jede Lesung mit einem Glockenklang beginnen (erzeugt durch das Anschlagen einer Glocke, einer Klangschale, Schellen oder Ähnlichem) und der namentlichen Anrufung der oder des Reisenden. Ebenso wenn das Sterbezimmer zwischenzeitlich verlassen wurde.

Der I. und der V. Gesang können je nach Empfinden wiederholt werden, sollen aber nicht mehr als siebenmal in Folge gelesen werden.

Am ersten Tag nach Eintritt des Todes beginnen die Lesungen mit dem Vortrag des I. Gesangs, gefolgt von der drei- bis siebenmaligen Wiederholung des V. und der einmaligen Wiederholung des VI. Danach wird der VII. Gesang gelesen und weitere Gesänge aus der Traumphase des Todes.

Am zweiten Folgetag beginnen die Lesungen mit dem Vortrag des I., gefolgt von der bis zu siebenmaligen Wiederholung des V. Gesangs und den jeweils weiteren Gesängen aus der Traumphase.

Am dritten Folgetag beginnen die Lesungen wie am zweiten, doch sollten am Ende dieses Tages sämtliche Gesänge einmal gelesen worden sein.

Ab dem vierten und an allen weiteren Folgetagen beginnen die Lesungen wie am zweiten und dritten, doch werden sämtliche Gesänge mindestens einmal in Folge gelesen – je nach Empfinden und Ausdauer auf mehrere Tage verteilt.

Die Lesungen enden, wenn die Leserin oder der Leser spürt, dass es an der Zeit ist. Wahrscheinlich nach 21 Tagen, höchstens nach 49. Es ist dabei egal, wo die Lesungen gehalten werden. Solange dies in der Absicht geschieht, die Verstorbene oder den Verstorbenen anzusprechen, wird eine Verbindung mit der Seele aufgebaut.

Wie auch immer die Gesänge gelesen werden, vielleicht weniger häufig als angegeben – die Lesungen sind hilfreich. In jedem Fall ist es ratsam, sie im Einklang mit der eigenen Gesundheit zu lesen, sich also durch die Lesungen nicht zu überfordern.

Anmerkung: Bis zum V. Gesang wird die oder der Verstorbene als reisender Geist oder kurz als »Reisender« angesprochen. Ab dem VI. Gesang jedoch als reisende Seele oder kurz als »Reisende«. Zuerst wird also das transpersonale Gewahrsein angesprochen, dann das personale – unabhängig davon, welchen Geschlechts die Verstorbenen zu Lebzeiten auch waren.

Todesmoment und transsubjektive Sphäre

I – Anrufung der Heiligen, Engel und Meister

Verehrte Heilige, Engel und Meister, ich mache mich nun bereit für meine Reise ins Licht. Bitte leitet mich mit Liebe und Weisheit auf den Weg ins Licht der einen Quelle.

Göttliche Stille des Lichtes der einen Quelle, ich bin nun bereit, in Dich einzugehen.
Göttliche Stille des formlosen Seins und der vollkommenen Weisheit, ich bin nun bereit, in Dich einzugehen.
Göttliche Stille der reinen Liebe und letzten Erlösung, ich bin nun bereit, in Dich einzugehen.
Göttliche Stille der höchsten Gnade und vollendeten Erleuchtung, ich bin nun bereit, in Dich einzugehen.
Ich komme in Demut und bringe meine Liebe, meine Hingabe, meine Hoffnung und meine Dankbarkeit. Ich bitte um göttliche Leitung und göttliche Gnade.
Verehrte Heilige, Engel und Meister, sollte ich irrtümlich das Licht der einen Quelle übersehen, wünsche ich, mit Eurer Hilfe in dieses Licht geleitet zu werden.
Möge ich mit Eurer Hilfe in die göttliche Stille des Lichtes der einen Quelle eingehen.
Möge ich mit Eurer Hilfe ins Licht der Erkenntnis gelangen.
Möge ich mit Eurer Hilfe das Labyrinth des Todes verlassen.

Verehrte Heilige, Engel und Meister, sollte ich das Licht der einen Quelle übersehen und durch das Labyrinth des Todes irren, bitte ich darum, dass mich einer von Euch als himmlischer Führer an der Eingangspforte erwartet, um mich doch noch zur Erleuchtung zu führen.

Verehrter himmlischer Führer, sollte ich von Verblendung getrieben durch das Labyrinth des Todes irren, wünsche ich, von Dir auf den Weg der Weisheit und der endgültigen Wahrheit geleitet zu werden.

Sollte ich von Hass getrieben durch das Labyrinth des Todes irren, wünsche ich, von Dir auf den Weg der reinen Selbsterkenntnis und des vollkommenen Verzeihens geleitet zu werden.

Sollte ich von Stolz getrieben durch das Labyrinth des Todes irren, wünsche ich, von Dir auf den Weg der reinen Demut und der vollkommenen Hingabe geleitet zu werden.

Sollte ich von Gier getrieben durch das Labyrinth des Todes irren, wünsche ich, von Dir auf den Weg der vollkommenen Freiheit geleitet zu werden.

Verehrter himmlischer Führer, sollte ich von Neid getrieben durch das Labyrinth des Todes irren, wünsche ich, von Dir auf den Weg der vollkommenen Fülle geleitet zu werden.

Sollte ich von Instinkten getrieben durch das Labyrinth des Todes irren, wünsche ich, von Dir auf den Weg der Befreiung von zwanghaftem Verhalten geleitet zu werden.

Sollte ich von Halluzinationen getrieben durch das Labyrinth des Todes irren, wünsche ich, von Dir auf

den Weg der vollkommenen Klarheit geleitet zu werden.
Sollte ich von Angst getrieben durch das Labyrinth des Todes irren, wünsche ich, von Dir, himmlischer Führer, auf den Weg der vollkommenen Liebe geleitet zu werden.

Möge ich nun die Kraft finden, alle Verblendung, allen Hass, allen Stolz, alle Gier, allen Neid aufzugeben und auch meine Instinkte zu überwinden, um ins Licht der Erkenntnis zu gelangen.
Möge ich nun die Kraft finden, alle Halluzinationen zu durchschauen und alle Angst abzulegen, um ins Licht der Erkenntnis zu gelangen.
Möge ich nun den Mut finden, in die göttliche Stille des Lichtes der einen Quelle einzugehen.
Verehrter himmlischer Führer, in Demut und Liebe, in Hingabe und Dankbarkeit gebe ich Dir nun die Erlaubnis, mich auf meinem Weg ins Licht der einen Quelle zu leiten und ins befreiende Sein des Über-alles-Geliebten.

II – Phänomene beim Übergang

Nun, wo ich darauf warte, aus diesem Leben zu scheiden, mache ich mir bewusst, dass ich mich bei meiner kommenden Reise von allen menschlichen Begrenzungen lösen werde. Ich werde mich von meinem physischen Körper lösen. Ich werde mich von meinen Gewohnheiten lösen. Ich werde mich von meinen Gefühlen und Empfindungen lösen. Ich werde mich von meinen Gedanken lösen. Und ich werde mich von meiner menschlichen Identität lösen, um von allen Anhaftungen und Begrenzungen, von allen Schmerzen und Widrigkeiten des menschlichen Daseins erlöst ins himmlische Reich der Freiheit einzugehen. Die Befreiung durch Erkennen des Lichtes der einen Quelle.

Nun, wo ich zum reisenden Geist werde, bedanke ich mich bei meinem physischen Körper für all die Erfahrungen, die er mir während dieser Inkarnation ermöglicht hat. Ich bin ein Reisender auf dem Weg zu seiner wahren Natur, jenseits der mir bekannten Welt, jenseits meiner menschlichen Identität. Und ich danke den verehrten Engeln, Heiligen und Meistern, dass sie mir bei meiner Reise beistehen werden. So kann ich sicher und frei von Furcht ins Licht der einen Quelle eintauchen.

Als Reisender rufe ich mir nun die Symptome und Stadien der Reise in Erinnerung:

Wie Erde in Wasser sinkt, fühle ich mich versinken und dahinschmelzen. Mein Kopf wird zu schwer, um ihn noch aus eigener Kraft zu halten, und meine optische Wahrnehmung verschwimmt.

Wie Wasser sich in Feuer auflöst, fühle ich mich in Rauch oder Nebel gehüllt. Meine Atmung wird kürzer. Vielleicht erblicke ich Halluzinationen. Sollten sie mich ängstigen, erinnere ich mich daran, dass es nur Vorspiegelungen sind. Vielleicht höre ich Sirren, Klingeln oder Pfeifen. Darauf bin ich vorbereitet. Daher bin ich frei von Angst.

Wie Feuer sich in Wind auflöst, fühle ich Kälte und kann nicht mehr sprechen. Meine Kehle fühlt sich trocken an. Ich sehe mich inmitten von stiebenden Funken und Rauch oder einer Wolke aus Glühwürmchen. Ich spüre großen Durst, aber ich weiß, dass die Zeit zum Trinken vorüber ist.

Wie Wind sich in Raum verströmt, spüre ich meine Atmung aussetzen oder sehr schwach werden und sehe wahrscheinlich eine Kerzenflamme am Verlöschen. Ich höre vielleicht lautes Donnern, vielleicht auch Glockenläuten, und könnte große Angst bekommen. Umso mehr fasse ich Mut.

Wie Raum sich in Bewusstsein auflöst, setzt meine Atmung endgültig aus. Ich bin von allen Schmerzen erlöst, erblicke gedämpftes, weißes Licht wie Mondlicht in klarer Nacht, und alle Impulse von Wut und Zorn lösen sich auf. Ich empfinde Glückseligkeit. Ich erblicke orangerotes Licht wie bei einem prächtigen Sonnenuntergang, überwinde jegliches Begehren und empfinde Glückseligkeit. Ich erblicke schwarzes Licht wie bei einem sternlosen Nachthimmel, löse mich von sämtlicher Ignoranz und empfinde Glückseligkeit. Ich fühle am Herzen etwas aufplatzen, sich befreien und nach oben schießen, verliere das Bewusstsein und bin sogleich wieder da, außerhalb meines Körpers, allein.

Wie Bewusstsein sich ins Licht der einen Quelle auflöst, fühle ich Frieden. Ich erblicke das Licht der einen Quelle, klar wie ein Morgenhimmel vor Sonnenaufgang, ohne Mond, ohne Sterne. Ich erkenne das Licht der einen Quelle als endlos, ewig und als ureigene Heimat an. Seine Gestaltlosigkeit zieht mich an. Ich dehne mich ins Licht der einen Quelle aus, um endgültige Erleuchtung und Befreiung zu erlangen.

Der Übergang

III – Die Pforte

Ich befinde mich nun an der Pforte zur geistigen Welt. Um einzutreten, werde ich meinen physischen Körper zurücklassen. Ich werde auch meine Familie zurücklassen, meine Freunde, meinen Besitz, meine weltlichen Vorlieben, meine weltlichen Laster und meine menschlichen Eigenschaften. Das will ich mit Freuden tun, denn so kann ich mich leichter mit dem Licht der einen Quelle vereinigen.
Frei von jeder Körperlichkeit erkenne ich, dass jegliche Trennung, wie ich sie in meiner menschlichen Inkarnation erlebt habe, eine Illusion ist.
Frei von jeder Illusion erkenne ich, dass meine wahre Heimat das grenzenlose Licht der einen Quelle ist. Mutig wende ich mich dorthin.
Ich bin auf den Übergang in die geistige Welt gut vorbereitet. Für diese Reise habe ich alle menschlichen Begrenzungen abgelegt.
Sollte ich während meiner Reise ins Licht unangenehme Erlebnisse haben, so erkenne ich, was sie in Wahrheit sind: Vorspiegelungen meines Bewusstseins, denn wirklich real ist nur das Licht.
Solange ich Visionen habe, Bilder sehe und Wesen, wie lieb und freundlich sie auch immer geartet sein mögen, weiß ich, dass ich durch das Labyrinth des Todes reise.
Solange ich Erfahrungen mache und sinnliche Eindrü-

cke spüre, weiß ich, dass ich mich noch im Labyrinth des Todes befinde.
Dann halte ich Ausschau nach dem Licht der einen Quelle.
Denn alles, was ich sonst sehe, ist ein Traum. Nur das Licht der einen Quelle ist Realität.

IV – Die Realität des Lichtes der einen Quelle

Als reisender Geist erkenne ich meine ureigene Natur im Licht der einen Quelle. Ich bin die Quelle, endlos und ungeformt, still und ewig, ungeboren und bewegungslos. Keine Entfernung, keine Zeit, keine Empfindung, kein Gedanke, keine Absicht trennt mich von ihr. Ich bin makellos und leer, ohne Horizont und ohne Mitte, ohne Wunsch und ohne Hoffnung, denn die Quelle ist meine Erfüllung, und es gibt nichts, was ich außer ihr wünschen oder erhoffen könnte. Das Licht der einen Quelle ist meine Realität.
In der Erleuchtung durch das Licht der einen Quelle erinnere ich mich an die Belehrungen, die ich für meine Reise zur Quelle erhalten habe.
Ich bin Licht, das in der Illusion eines menschlichen Körpers eingeschlossen war.
Ich bin Licht, das in der Illusion der materiellen Welt gefangen war.
Ich bin Licht, das in der Illusion von Raum und Zeit gefangen war.

Ich bin Licht, das in der Illusion von Gefühlen und Empfindungen gefangen war.
Ich bin Licht, das in der Illusion von Gedanken und Absichten gefangen war.
Ich ruhe nun im Licht der Quelle. Ich bin in vollkommener Harmonie. Das Einzige, was meine Ruhe und Harmonie stören könnte, wäre meine Einbildung. Meine Einbildung könnte mir sagen, ich sei von der Quelle getrennt. Würde ich auf meine Einbildung hören, würde ich augenblicklich der Quelle entrissen. Wie in einem reißenden Strom in Richtung stofflicher Daseinsformen.

V – Die Erfahrung des Lichtes der einen Quelle

Ich sehe nun das Licht der einen Quelle. Ich sehe dieses Licht als objektive Realität und meine Heimat an. Ich tauche nun in das leuchtende, endlose, ewige, göttliche Licht der einen Quelle, meine objektive Realität.
Ich gehe ein in die göttliche Stille dieses Lichtes.
Ich gehe ein in das formlose Sein dieses Lichtes.
Ich gehe ein in die vollkommene Weisheit dieses Lichtes.
Ich gehe ein in die reine göttliche Liebe in diesem Licht.
Ich gehe ein in die vollkommene Erleuchtung durch dieses Licht.
Ich erlebe die Glückseligkeit des Verschmelzens mit der allumfassenden Leere göttlichen Seins. Ich verschmelze

mit dem Licht der einen Quelle und erlebe den endgültigen Liebesakt, meine Vereinigung mit der unendlichen, intimen Weisheit universeller Leere. Leere fließt in Leere. Dies ist die endlose Leere der Leere, in der nichts geschieht, nichts je geschehen ist noch je geschehen wird. Denn ich bin das Licht und die Leere und die Ewigkeit. Ewig in Stille und ewig bewegungslos. Mein Bewusstsein als reisender Geist ist in Wahrheit die Stille. Mein Bewusstsein als Selbst ist in Wahrheit die Leere. Meine Leere ist grenzenlos. Meine Stille ist jenseits von Anfang und Ende.

Mein Ich ist eine Erinnerung an die Reise, die mich hierhergeführt hat. Aber meine Erinnerung an die Reise verblasst, denn das objektive Licht der einen Quelle ist das Einzige, was wirklich wahr ist.

Nun, wo ich in der objektiven Realität des Lichtes angekommen bin, bin ich damit untrennbar verbunden. Ich bin eins mit allem. Ein Zweites würde man vergeblich suchen. Ich bin ungeboren und werde ungeboren bleiben. Endlose Endlosigkeit, Leere in der Leere, Stille in der Stille, Vollkommenheit in der Vollkommenheit, das einzig Absolute jenseits jeder Illusion.

Ich war ein Mensch und wurde reisender Geist. Nun bin ich am Ziel meiner Reise angekommen. Das Licht der einen Quelle ist meine Bestimmung. Im Licht der einen Quelle kann ich weder geboren werden noch sterben. Als reisender Geist, der sein Ich in Leere aufgelöst hat, sein Bewusstsein in Stille und sein Dasein in das Licht der einen Quelle, existiere ich nun außerhalb des

Rades der Wiedergeburt. Mein absolutes Sein in der objektiven Realität des Lichtes der einen Quelle ist und bleibt meine einzige und wahre Natur.

VI – Der himmlische Führer als Quelle

Sollte ich in mir noch eine reisende Seele sehen, erinnere ich mich jetzt an die bereits erhaltenen Unterweisungen. Ich erinnere mich an das höchste Ziel meiner Reise, meine vollkommene Erleuchtung durch die Schau und Vereinigung mit dem Licht der einen Quelle. Ich erinnere mich, dass ich selbst Licht bin. Denn meine ureigene Natur ist Licht. Mit grenzenlosem Mitgefühl und grenzenloser Liebe erinnere ich mich zum Nutzen sämtlicher Wesen aller Welten und Sphären an meine wahre Natur: endlose Leere in der Leere, Stille ohne Anfang und Ende, Wahrheit ohne Wenn und Aber, Wissen jenseits jeder Illusion, allumfassende Liebe, transparentes, intelligentes, klares Licht. Denn ich bin, wie ich bin. Ewig ungeboren und formlos immer da.
Sollte mir nun ein himmlischer Führer erscheinen, so werde ich ihn als Reflexion meines eigenen Bewusstseins erkennen. Eine Illusion wie das Spiegelbild der Sonne im windstillen Meer. Sowie ich die Illusion eines himmlischen Führers auftauchen sehe, werde ich sie als das erkennen, was sie in Wahrheit ist: anwesend und gleichzeitig abwesend, existent und gleichzeitig inexistent. Ein Spiegelbild meines spirituellen Seins.

In der Illusion des himmlischen Führers erblicke ich nun meine ureigene Natur: das Licht der einen Quelle, unmanifestiertes göttliches Sein. Durch die Schau meines wahren Wesens erlange ich vollkommene Erleuchtung und endgültige Befreiung aus dem Rad der Wiedergeburt.

Die Traumphase des Todes und der Auftritt der gütigen Geister

VII – Das Auftauchen des himmlischen Führers und die Visionen der geistigen Welt

Der Tod nähert sich wie ein Geliebter oder eine Geliebte, wird gesagt, und ich weiß jetzt, warum. Ich habe das Licht der einen Quelle gesehen. So rein, so weiß, so leer, so endlos, so ewig, so erhaben und so zart, so großartig und so durchscheinend, so vollkommen und so überwältigend und fein, dass ich mich in diesem Licht verloren habe. Fast, denn es war unbeschreiblich schön – vollkommener und schöner, als ich ertragen kann. So muss ich wohl gedacht haben. Denn schon sah ich mich von dem Licht der einen Quelle entfernt und erblickte meinen himmlischen Führer.

Wie gut, dass er da ist. Ich habe mich bemüht, in meinem himmlischen Führer die Quelle zu sehen, und es ist mir auch gelungen. Er verkörperte sich aus einem Meer aus Licht, ein leuchtendes Wesen voller Liebe, Güte und Klarheit, das mir zu Hilfe eilte. Männlich und weiblich zugleich, ruhte er in Liebe zu sich selbst und allem, was ist. Ich erkannte in ihm das Über-alles-Geliebte und wollte in ihn eintauchen und mit ihm verschmelzen. Meine Angst, ihn in der Vereinigung zu verlieren, und mein Wunsch, ihn ewig an meiner Seite zu haben, müssen mich davon abgehalten haben. Denn es gelang mir nicht, auf diesem Wege vollständige Erleuchtung zu erlangen.

Nun muss ich weiter durch das Labyrinth des Todes irren, geleitet von meinem himmlischen Führer. Ich nehme diese Notwendigkeit in vollem Bewusstsein ihrer Unabänderlichkeit an. Das Rad des Lebens und des Sterbens, das Rad der Verkörperungen und Wiederverkörperungen, das Rad der Manifestationen wird sich für mich weiter drehen. Umso wichtiger, dass ich einen Moment innehalte und erkenne, wer ich bin und wo ich mich befinde: eine reisende Seele im Labyrinth des Todes.

Als Reisende komme ich aus dem Irrgarten des Lebens und gehe durch Phasen des Übergangs. Sie zu kennen, ist von höchster Wichtigkeit für den weiteren Verlauf meiner Reise, deshalb vergegenwärtige ich sie mir nun in Ruhe und mit größtmöglicher Konzentration.

Die erste Übergangsphase ist das Erwachen, also die Geburt.

Die zweite Übergangsphase ist die Meditation, also das Leben.

Die dritte Übergangsphase ist das Einschlafen, also das Sterben.

Die vierte Übergangsphase ist die Erleuchtung, also der Todesmoment.

Die fünfte Übergangsphase ist der Traum, also die Traumphase des Todes.

Die sechste Übergangsphase ist die Trance, also das Bewusstsein des Todes.

Die siebte Übergangsphase ist die Konzentration, also die Wiedergeburt.

Die Übergangsphasen des Lebens und des Sterbens habe ich durchschritten. In der Übergangsphase des Todes angekommen, nähere ich mich der Übergangsphase der Wiedergeburt.

So wandere ich nun durch die Traumphase des Todes, begleitet von meinem himmlischen Führer, der eine Projektion meiner irdischen Erinnerungen ist. Es ist wahrscheinlich, dass ich Erscheinungen sehe, Bilder und Szenarien, die mir so wirklich scheinen wie das Leben, aus dem ich gerade geschieden bin. Was immer ich sehen und hören werde, sind Vorspiegelungen meiner eigenen Fantasie.

Es könnte sein, dass mich beunruhigt, was ich sehen oder hören werde. Es ist möglich, dass die Erscheinungen in der Traumphase des Todes mir Angst machen. Dann werde ich mich daran erinnern, dass all dies Illusionen sind, Projektionen, Visionen, Trugbilder, die in dieser Phase naturgemäß jedes Individuum hat. Und während ich mich daran erinnere, verfliegt all meine Furcht.

Beim Übergang ins Labyrinth des Todes musste ich meinen physischen Körper zurücklassen, ebenso meine Familie, meine Freunde, meine materiellen Besitztümer, meine Vorlieben, meine Gewohnheiten und meine an das verflossene Leben gebundenen Gefühle und Gedanken.

Das ist gut so: Frei von menschlichen Begrenzungen erlebe ich nun die Traumphase des Todes. Sie gleicht einem Traum in meinem verflossenen Leben. Wie im

Traum kann ich hören und sehen. Und wie im Traum habe ich auch einen Körper, mit dem ich mich bewegen kann. Dieser Körper ist kein physischer Leib, wie ich ihn aus meinem Leben kenne, sondern ein astraler, der meinem physischen gleicht, geformt aus Instinkten und körperlichen Erinnerungen. Wie im Traum kann ich mit meinem astralen Körper handeln und Erfahrungen machen. Mit einem Unterschied: Dies ist kein Traum, aus dem ich in mein früheres Leben erwachen werde.

Mein himmlischer Führer ist bei mir, und ich erkenne in ihm die göttliche Mutter, den göttlichen Vater, die göttliche Tochter, den göttlichen Sohn. Seine ureigene Natur ist die Quelle, die unmanifestierte, weder an Zeit noch an Raum gebundene objektive Realität. Ich erinnere mich daran, dass die Vereinigung mit der Quelle, das Eintauchen in die höchste Wahrheit, meine endgültige Befreiung von den Grenzen meines Selbst bedeutet, ein Hinschmelzen in die Ichlosigkeit im Licht der einen Quelle.

Falls ich die vollständige Vereinigung bisher verpasst habe, wird nun die milde und die grimmige Geisterwelt vor mir erscheinen. Ich erkenne sie als Projektionen meines Geistes und lasse alle erschreckenden, Furcht einflößenden und panischen Gedanken los. Auch sie sind Illusionen. Einbildungen im Traum des Todes.

Ich erkenne meine eigene Angst als meine größte Bedrohung. Wann immer ich sie aufkeimen fühle, nehme ich sie als das, was sie ist: eine Einbildung meines ruhelosen Geistes auf der Suche nach seiner wahren Natur und ureigenen Heimat.

Durch die Trennung von Körper und Geist leuchtet nun mein inneres Wesen vor mir auf: subtil und rein, klar und von Natur aus strahlend wie die Sonne an einem klaren Wintertag. Dies ist die natürliche Ausstrahlung meines ureigenen wahren Wesens. Wie tausend Donner zur selben Zeit tönt aus diesem Licht der reine Eigenlaut meines wahren Wesens. Im Donnerschall höre ich meinen klingenden Kern. Ich erhöre mich selbst und überwinde die Neigung, mich vor mir selbst zu fürchten.

Mein physischer Körper ist tot. Ich bin ohne Fleisch und Blut. Ich kann also keine Verletzungen mehr erleiden und keine körperliche Schmerzen mehr fühlen. Dies gehört der Vergangenheit an. Die Geräusche, Lichter, Strahlen und wesenhaften Erscheinungen können mir ebenfalls nichts antun, denn mein Leben ist zu Ende. Ein zweites Mal sterben kann ich nicht. Dies ist Gesetz im Labyrinth des Todes. Das Wissen darum beruhigt mich.

Sollte ich jedoch wählen, mich durch Licht und Erscheinungen des Lichts in Angst und Schrecken versetzen zu lassen, muss ich weiter durch das Labyrinth des Todes irren.

Sollte ich wählen, mich durch Geräusche und Töne in Furcht und Panik versetzen zu lassen, muss ich weiter durch das Labyrinth des Todes irren.

Daher erkenne ich nun alle Erscheinungen als Trugbilder meiner ruhelosen Seele, um wahre Ruhe zu finden.

VIII – Das strahlend blaue Licht der Weisheit der endgültigen Wirklichkeit, der himmlische Führer als kosmischer Geliebter, die Möglichkeit einer verblendeten göttlichen Wiedergeburt

Ich frage mich: Was ist geschehen? Ich muss eine Erinnerungslücke haben. Aus der Umnachtung erwache ich und erkenne nun, dass ich bewusstlos gewesen sein muss, als ich im Licht der einen Quelle ruhte, denn ich habe keine Erinnerung daran. Plötzlich bin ich umgeben von blauem Licht. Azurblau und leuchtend. Aber dies ist eine andere Sphäre als die irdische, denn mein menschliches Leben ist zu Ende. Ich habe meinen physischen Körper, meine Familie und meine Freunde hinter mir gelassen. Ich erkenne mich als reisende Seele im Labyrinth des Todes.

Als Reisende muss ich im Labyrinth angekommen sein, denn ich erlebe mich als bewusstes Selbst. Es gibt Innen und Außen für mich, Nah und Fern, Vergangenheit und Gegenwart, also ruhe ich nicht im ungeformten, zeitlosen Licht objektiver Realität, weiß und klar wie ein wolkenloser Himmel vor Sonnenaufgang. Ich ruhe nicht in der göttlichen Stille der einen Quelle. Ich ruhe nicht im formlosen Sein der einen Quelle. Ich ruhe nicht in der vollkommenen Weisheit der einen Quelle. Ich ruhe nicht in der endlosen Leere der einen Quelle. Ich bin also nicht in meiner ureigenen Heimat. Noch nicht, denn das Ziel meiner Reise ist es, dorthin zu gelangen. Ich kenne mein Ziel aus früheren Unterweisungen. Und ich weiß, dass dieses Ziel das einzig richtige für mich ist. Das Licht der einen Quelle ist meine Heimat. Und ich beabsichtige, meine Heimat zu erreichen. Auf meiner Reise in meine Heimat werde ich wohl vom Weg abgekommen sein, denn ich erblicke das blaue Reich der Reinheit im Labyrinth des Todes.

Während ich mir meiner selbst zunehmend bewusst werde, höre ich ein tiefes, polterndes Rumpeln, ein Donnern, das mich innerlich erbeben lässt.

Und ich erinnere mich: Was ich hier höre und sehe, sind natürlich auftretende Phänomene im blauen Reich der Reinheit. Das Reich der Reinheit ist wahrnehmbar für mich als Klang und Licht. Seine Natur ist die Weisheit der endgültigen Wirklichkeit in ihrer räumlichen Dimension. Deshalb kann ich mich hier umschauen, mich wahrnehmen als der, der schaut und eben geschaut hat, denn wo Raum ist, gibt es auch das Phänomen der Zeit. Während ich nun in das azurblaue Licht der Weisheit der endgültigen Wirklichkeit schaue, fühle ich in meinem Bewusstsein eine Resonanz. Ein Aufstrahlen meines Selbst im strahlend hellen Licht der Weisheit der endgültigen Wirklichkeit. Im gleichen Moment erkenne ich im blauen Licht der Weisheit die Erscheinung des Über-alles-Geliebten und sehe als seinen Gesandten meinen himmlischen Führer auf mich zuschreiten.

Wie schön er ist, eine Gestalt aus fließend weißem Licht, pure Liebe und Licht als Wesenheit! Eine tröstliche Präsenz im Labyrinth des Todes. Je nachdem, wer mir in meinem Leben am meisten vertraut und nahe war, erkenne ich in der weiß leuchtenden Gestalt Moses, Maria, Christus, Buddha, Krishna, einen anderen Avatar oder eine andere Heilige. Engelgleich, mit einem Körper aus Licht, männlich und weiblich zugleich, mein kosmischer Geliebter.

Aus dem Herzen des Geliebten strahlt im Moment des Erkennens das blendend blaue Licht reinen Bewusstseins und durchdringt die feinstofflichen Gewebe meines Wesens.

Jeden Aspekt meines Seins durchdringt das Licht reinen Bewusstseins und durchflutet alle meine Erinnerungen an mein menschliches Leben. Blendend blau, mit alles durchdringendem Glanz und mitleidloser Klarheit reinen Bewusstseins brennt es alte Verhaltensmuster und Anhaftungen an die Welt der Materie und mein menschliches Dasein weg. Ich reagiere vielleicht mit gemischten Gefühlen. Denn das blendend blaue Licht bewirkt ein Hinschmelzen meiner selbst, eine Auflösung meines Wesens, ein Sich-Ausdehnen in die Endlosigkeit des Raumes und den Verlust der eben wiedergewonnenen Zeit.

Das aufkeimende Gefühl von möglichem Verlust könnte mich nach Rettung Ausschau halten lassen. Das blaue Licht der Weisheit der endgültigen Wirklichkeit leuchtet heller und strahlender, als ich ertragen kann. Von Bewusstsein und Weisheit geblendet, will ich mich womöglich abwenden – und erblicke ein sanftes, weißes Licht, das ich bisher übersehen hatte. Wie ein Magnet zieht es mich an. Es verheißt mir Zuflucht aus der Not meiner möglichen Selbstauflösung. Es verheißt mir Rettung vor dem drohenden Verlust meines Ichs. Und es verheißt mir Halt im Prozess der Auflösung. Denn es verheißt mir Linderung durch Wiedergeburt. Neues Leben in einer neuen Form, einem neuen Körper, lautet das Versprechen des sanften weißen Lichtes. Die Erlösung aus dem brennenden, blendenden Fokus des azurblauen Lichts der Weisheit der endgültigen Wirklichkeit.

Verheißungsvoll scheint die Flucht in die Wiedergeburt, unerträglich die Konfrontation mit dem blauen Licht. Aber ein Gedanke lässt mich doch zögern, die Flucht in die Wiedergeburt wirklich anzutreten. Das ist das Wissen um das Rad der Wiedergeburt. Wenn ich mich jetzt dafür entscheide, werde ich in absehbarer Zeit wieder an derselben Stelle stehen. Wieder werde ich das azurblaue Licht der Weisheit der endgültigen Wirklichkeit erblicken, wieder wird es mich blenden, während es mit schmerzhafter Intensität meine Verhaltensmuster aus früheren Inkarnationen in der gebündelten Strahlung seiner Weisheit verbrennt. Wieder werde ich nach Rettung Ausschau halten. Aber was will ich retten? Vor allem mein Ich. Dann meine Gewohnheiten und Instinkte. Wenn ich all das retten will, werde ich bald wieder hier stehen. Wieder und wieder. Gefangen im Rad der Wiedergeburt. Ein Irrläufer im kosmischen Garten des Lebens und Sterbens.

All mein zukünftiges mögliches Leid erkenne ich in dieser Wahl, und das gibt mir die Kraft, eine andere zu treffen: die Konfrontation mit dem azurblauen Licht, das aus dem Herzen meines kosmischen Geliebten strömt und Erinnerungen und Anhaftungen früherer Inkarnationen aus meinem Wesen tilgt.

Erbarmungslos leuchtet das Licht. Ich spüre es auf und in mir brennen. Meine menschlichen Erinnerungen und Instinktmuster scheinen zu verdampfen. Das blaue Licht löst mich von allen Anhaftungen an mein bisheriges Sein in der körperlichen Welt. Ich spüre Angst. Meine Angst wächst zu Panik. Aus Panik wird Hysterie. Ich bin außer mir und in mir, was ich sehe, höre und empfinde, flößt mir pures Entsetzen ein, doch halte ich mich im Fokus des blauen Lichts.

Meine Angst könnte gewaltig und monströs sein. Doch ich muss meine Angst überwinden. Dann kann ich der Anziehung des sanften weißen Lichts entkommen, das mich auf die Ebene der Wiedergeburt zu ziehen versucht.

Der Sog ist groß. Besonders die Dimensionen organischer Existenz locken mich, allein schon, weil ich sie aus meinem letzten Leben so gut kenne. Und allzu gern bin ich geneigt, die unangenehmen Seiten dieser Existenz zu vergessen. Immer wieder habe ich unter ihnen gelitten. Habe gebetet, von ihnen verschont zu bleiben. Oder wenigstens geschont zu werden.

Daran erinnere ich mich jetzt. Das gibt mir die Kraft, weiterhin im azurblauen Licht der Weisheit der endgültigen Wirklichkeit zu ruhen.

Denn dieses Licht ist meine wahre Zuflucht. Es ist die einzige Rettung in meiner jetzigen Situation. Wann im-

mer ich wankend werde und mich von meinem kosmischen Geliebten und dem Herzensstrahl der Weisheit der endgültigen Wirklichkeit abwenden will, erinnere ich mich daran. Ich erinnere mich daran, um den Bereichen triebhafter Existenz zu entkommen. Auch der Welt der durch Selbstgefälligkeit verblendeten Götter, der Sphäre des sanften weißen Lichts.
In vollem Bewusstsein meiner Angst und meiner Not äußere ich folgende Bitte:

Wenn ich verblendet durch die Dimensionen des Daseins
irre, getrieben durch die Macht meiner Gewohnheiten,
wenn ich das Licht der Weisheit der endgültigen
Wirklichkeit kaum ertragen kann und Angst mich
auf die Ebenen der Wiedergeburt drängt,
dann möge der kosmische Geliebte mir beistehen,
möge er mich durch die Erfahrungen
im Labyrinth des Todes leiten,
möge er mich zur vollkommenen Erleuchtung führen.

Dies bitte ich in glühender Hingabe und konzentriere mein Bewusstsein auf die Unabänderlichkeit der göttlichen Gesetze. Demütig vergegenwärtige ich mir, dass ich nichts und niemanden verändern, sondern nur lernen kann. Ich kann lernen und das Lernen lieben. Und dann kann ich lernen, auch das Lernen loszulassen. Mit Hingabe löse ich mich als Regenbogenlicht im Herzen des kosmischen Geliebten auf. Ich höre leises Klingeln wie von Glocken und werde pures Licht. Ein Same im

Ozean allumfassender Seligkeit. Dann Leere in der Leere. Und aus dieser Leere werde ich niemals wiederkehren. Denn Ich ist nicht mehr.

IX – Das blendend weiße Licht der spiegelgleichen Weisheit und der trübe Schein der höllischen Sphären

Ich hielt an meinen Illusionen fest und klammerte mich an Erinnerungen aus meinem eben beendeten Leben. Es könnten negative Erinnerungen sein. Dann sehe ich Bilder voller Gewalt und höre Laute des Schmerzes und der Pein. Was ich auch sehe und höre, hat mein vergangenes Leben geprägt. Doch nun, wo mir das reine weiße Licht der spiegelgleichen Weisheit erscheint, habe ich die Möglichkeit, mich davon zu lösen.
Ich bin eine Reisende im Labyrinth des Todes. Mein irdisches Leben ist zu Ende. Meinen physischen Körper, meine Familie, meine Freunde habe ich hinter mir gelassen. Nun löse ich mich auch von all meinen Erinnerungen daran. Mein kosmischer Geliebter hilft mir dabei. Er leuchtet jetzt himmelblau, aber er wirkt weniger weich und fließend als vielmehr streng und männlich, und aus seinem Herzen strahlt blendend helles Licht, weiß und grell leuchtend wie tausend kalte Sonnen. Ein aggressives Licht wie bei einem Verhör, zu hart und unerträglich, um ohne Schmerzen hineinzublicken. Eine Strahlung, zu intensiv und penetrant, um ihre stechen-

de Energie frei von Widerständen aushalten zu können. Es ist das erbarmungslose Licht der spiegelgleichen Weisheit, rein wie Wasser und das Urelement purer Form. Seine Weisheit liegt in der Kraft der Transformation.

Ich erkenne als Reisende die transformierende Macht des weißen Lichtes der spiegelgleichen Weisheit. Das Licht durchdringt mich, reinigt mich, macht mich klar und transparent und überstrahlt alle Erinnerungen an Aggression und Ärger, Gewalt und Hass, an Gemeinheit und Grausamkeit. Das Licht erhellt mich, aber es erhellt mich auf eine so brutale Art und vergewaltigende Weise, dass ich mich davon abgestoßen fühle. Das ist der Moment, wo ich ein weiteres Licht erblicke. Trübe und rauchig schimmert es aus den höllischen Sphären herauf und lockt mit der Aussicht auf Erlösung aus dem harten Lichtstrahl spiegelgleicher Weisheit.

Die Anziehung der höllischen Sphären ist groß im Vergleich zum alles durchdringenden, peinigenden Licht der Weisheit. So bin ich beinahe geneigt, mich dahin zu wenden. Nur um dem harten Licht der spiegelgleichen Weisheit zu entfliehen. Dies wäre erst recht furchtbar. Denn dann würde ich unweigerlich in der höllischen Sphäre wiedergeboren.

Ich bin in Not. Angst und Panik könnten mich vor dem strahlenden Licht der spiegelgleichen Weisheit zurückweichen lassen wollen. Ich fühle unerträgliche Qualen, während mein Wesen aber weiterhin gereinigt wird.

Angst und Panik drohen mich zu überwältigen, während ich mich weiterhin durchleuchten lasse. Ich erkenne, dass dies meine einzige Rettung ist. Gleichzeitig steigt Ärger in mir hoch. Und ich erkenne diesen Ärger als Reaktion auf Angst und Panik. Hervorgerufen in Wahrheit durch mein Ich, das mit letzter Kraft sein Überleben schützen will. Dafür akzeptiert es sogar ein Leben in der Hölle.

Diese Erkenntnis gibt mir die Kraft, weiter im strahlenden Licht der spiegelgleichen Weisheit zu bleiben, und im Moment dieser Erkenntnis fühle ich Mitgefühl bei meinem kosmischen Geliebten. Trotz der Marter, die mir das gnadenlos reinigende Licht der Weisheit bereitet, wächst in mir Vertrauen.

Ich wende mich von dem trüben, rauchigen Licht ab und entziehe mich dem Sog der Negativität.

Ich meide den Weg der Zerstörung und wende mich dem Licht der höllischen Sphären ab.

Ich überwinde alle Impulse und Neigungen, mit Hass zu leben.

Ich löse mich von meinen schlechten Taten und löse mich von allen Erinnerungen daran.

Ich vertraue auf die reinigende Kraft des blendend weißen Lichts der spiegelgleichen Weisheit.

In vollem Bewusstsein der Größe meiner Angst und der Schmerzen durch die transformierende Kraft äußere ich folgende Bitte:

Wenn ich von Hass getrieben durch die
Dimensionen des Daseins irre,
wenn ich das Licht der spiegelgleichen
Weisheit unerträglich finde und Angst mich
auf die Ebenen der Wiedergeburt drängt,
dann möge der kosmische Geliebte mir beistehen,
möge er mich durch die Erfahrungen
im Labyrinth des Todes leiten,
möge er mich zur vollkommenen Erleuchtung führen.

Dies bitte ich in glühender Hingabe und konzentriere mein Bewusstsein auf die Unabänderlichkeit der göttlichen Gesetze. Voller Frieden verschmelze ich als Regenbogenlicht mit dem kosmischen Geliebten. Ich höre leise, helle Klänge wie von Glocken, vergehe in Liebe und löse mich in Heiterkeit auf.

X – Das leuchtend gelbe Licht der ausgleichenden Weisheit und das sanfte blaue Licht der Menschenwelt

Selbst wenn ich mein Bestes gegeben habe und es mir gelang, mich von meinen menschlichen Erinnerungen zu lösen, so hielt ich doch an meinem Stolz fest. Dies ist der Grund, aus dem ich noch hier bin. Eine Reisende im Labyrinth des Todes, die ihren menschlichen Körper mit all seinen menschlichen Gewohnheiten und Verhaltensmustern auf dem Sterbebett zurückgelassen hat. Nun erscheint die Überbringerin der Schönheit, um mir zu helfen, auch meinen Stolz aufzugeben. Denn nur in Demut entfaltet sich wahre Schönheit und schmilzt mit dem gelben Licht des reinen Elements Erde den Panzer aus Stolz zur Verteidigung meines Ichs.

Wahrscheinlich werde ich versuchen, mich zu verteidigen. In die Enge getrieben, werde ich weglaufen wollen, um mich zu verstecken, aber die Überbringerin der Schönheit wird versuchen, mich aufzuhalten. Sie ist mein kosmischer Geliebter in weiblichem Gewand. Die Urmutter allen Seins und die Erlöserin von allem Dasein. Ihre Schönheit kennt keine Grenzen. Ihre Anmut ist unbeschreiblich. Sie hört auf hundert Kosenamen, großes Entzücken lautet einer davon. Ihre feine Gestalt besteht aus fließendem gelbem Licht, ihre Aura leuchtet in den Farben des Regenbogens, und aus ihrem Herzen strömt das intensive, blendende Licht der ausgleichenden Weisheit.

Dieses Licht ist zart und hart zugleich. Eine vollendete Zartheit, deren Anblick mich vielleicht zurückschrecken lässt. Eine feine und zugleich alles überstrahlende und durchleuchtende Helligkeit, die mich im Innersten trifft. Das gelbe Licht der ausgleichenden Weisheit tut mir weh, weil es die Rüstung meines Stolzes zerschmilzt und mich weich und wehrlos macht.

Im selben Augenblick scheint Rettung zum Greifen nah. Ein anderes Licht, sanft und blau, das den Weg zur

Menschenwelt und zur menschlichen Wiedergeburt weist.

Sofern ich noch Reste von Egoismus und Eigensinn in mir trage, sofern mich noch stolze Erinnerungen an mein verflossenes menschliches Dasein begleiten, sofern ich noch nicht bereit bin, transparent und durchlässig zu werden für das Licht der ausgleichenden Weisheit, könnte dieses blendende Licht mich abstoßen und ängstigen, denn in seinem Strahlen verflüchtigt sich jeder Stolz und schmilzt jedes Ich.

Wann immer ich zur Rettung meines Stolzes davonrennen will, wann immer ich mich mit meinem Eigensinn verstecken will, wann immer ich den gelben Strahlen der ausgleichenden Weisheit ausweichen will, wird das sanfte blaue Licht der Menschenwelt mich anlocken wollen. Gebe ich nach, falle ich in die Welt der Menschen, werde wiedergeboren und erfahre die Leiden der Geburt, der Krankheit, des Alters und des Todes. Ich werde im Rad des Lebens strampeln und kaum oder wenig Zeit finden für den Versuch, mich aus meiner misslichen Lage zu befreien.

Ganz klar und deutlich sehe ich diese Möglichkeit in meiner jetzigen Situation. In diesem Bewusstsein überwinde ich meinen Widerstand gegenüber dem gelben Licht der ausgleichenden Weisheit. Trotz großer Angst und aufkommender Panik ruhe ich in ihm. Im selben Moment fühle ich eine Woge des Mitgefühls, ausgesandt aus dem überfließenden Herzen der Urmutter allen Seins.

Voller Mut und Hoffnung spreche ich folgende Bitte:

Wenn ich von großem Stolz getrieben durch
die Dimensionen des Daseins irre,
wenn ich das Licht der ausgleichenden Weisheit
kaum ertragen kann und Angst mich auf
die Ebenen der Wiedergeburt drängt,
dann möge die göttliche Urmutter mir beistehen,
möge sie mich durch die Erfahrungen
im Labyrinth des Todes leiten,
möge sie mich zur vollkommenen Erleuchtung führen.

Dies bitte ich in glühender Hingabe und konzentriere mein Bewusstsein auf die Unabänderlichkeit der göttlichen Gesetze. Ich erkenne die Urmutter als Quelle meines Seins. Voller Frieden verschmelze ich als Regenbogenlicht mit ihr. Ich vergehe in Hingabe, während ich Glocken läuten höre. Und löse mich in Liebe und Schönheit auf.

XI – Das klare rote Licht der unterscheidenden Weisheit und das schmutzige gelbe Licht der Sphäre der Hungerwelt

Ich wünschte, ich hätte die Befreiung aus dem Rad des Lebens erlangt, aber ich habe das klare Licht der objektiven Realität wohl einfach übersehen, denn noch bin ich im Rad des Lebens und Sterbens gefangen und irre durch das Labyrinth des Todes.

Meine Möglichkeiten zur Wahrnehmung der Realität müssen begrenzt sein, meine Fähigkeiten, persönliche Grenzen zu überschreiten, scheinen eingeschränkt, denn bis jetzt habe ich die einzig wahre Wirklichkeit weder wahrnehmen noch zu meiner rechtmäßigen Heimat machen können. Das muss so sein, denn sonst hätte ich das Labyrinth des Todes ja bereits hinter mir gelassen. Noch bin ich also eine reisende Seele und Wanderin zwischen den Welten.

Natürlich habe ich die Hoffnung auf endgültige Befreiung bewahrt. Gleichzeitig fühle ich mich schwach und ausgelaugt und würde mich gern ein wenig ausruhen. Ausruhen von den Strapazen der Reise, denn ausgerechnet im Moment, wo ich mich ausgezehrt und hilfsbedürftig fühle und mich am liebsten irgendwo verkriechen würde – ausgerechnet in diesem Moment scheint rotes, unbeschreiblich intensives und durchdringendes Licht vor mir auf, begleitet von lautem Rumpeln und Donner. Aus dem Licht erwächst der kosmische Geliebte in Gestalt der Urmutter allen Seins.

Aus dem Herzen der Urmutter strömt rot und gleißend ihre pure, alles verändernde Kraft. Dies ist das harte und gnadenlos klare rote Licht der unterscheidenden Weisheit. Reinigend und transformierend wie das Element Feuer strahlt es direkt in mein Herz. Ich fühle unsagbare Schmerzen, denn das Licht der unterscheidenden Weisheit fließt wie ein Strom aus flüssigem Feuer. In dem Strom aus rotem Licht blitzen wie Sterne helle Funken auf.

Das Licht der unterscheidenden Weisheit reinigt mich von menschlichen Sehnsüchten, löscht meine Leidenschaften und jegliche Erinnerung daran und vernichtet alle meine Begierden, Neigungen und Gelüste. Ich weiß, das ist gut so, und doch weckt es Widerstand und macht Angst.

Augenblicklich fühle ich mich von einem weiteren Licht angezogen. Schmutzig gelb leuchtet es aus der Sphäre der gierigen Geister auf. Es brennt wie Feuer in mir, erhitzt mein Gemüt und lockt mich auf eine fast schmerzhafte Art. Umso mehr konzentriere ich nun meine Wahrnehmung. Deutlich höre ich das Rumpeln und Donnern und wende mich furchtlos ins klare rote Licht, denn Zweifel und Schwäche würden mich in die Sphäre der Gier und des Hungers ziehen, bewohnt von den Geistern des Hungers und der Gier. Einmal ihrer Anziehung erlegen und in ihren Sog geraten, würde ich auf ihre Daseinsebene gerissen und als eine der ihren wiedergeboren.

In diesem Bewusstsein wende ich mich ganz der Urmutter zu. Die rote Energie der unterscheidenden Weisheit, die sie mit ganzem Wesen ausstrahlt, explodiert direkt in mein Herz. Ich spüre die Erschütterung meines Seins. Ich vibriere vor Schmerz. Gleichzeitig erkenne ich, dass ich gereinigt werde. Im Moment des Erkennens scheint die Urmutter in einen prächtigen, funkelnden Regenbogen gehüllt.

Das gibt mir weitere Kraft. Sollte ich doch noch wankend werden und mich an letzte Reste meiner verlöschenden

Sehnsüchte und Begierden klammern wollen, sollte ich mich doch zu dem schmutzig gelben Licht der Giersphären hingezogen fühlen, so äußere ich folgende Bitte:

> Wenn ich von großer Gier getrieben
> durch die Dimensionen des Daseins irre,
> wenn ich das Licht der unterscheidenden
> Weisheit kaum ertragen kann und Angst mich
> auf die Ebenen der Wiedergeburt drängt,
> dann möge die Urmutter mir beistehen,
> möge sie mich durch die Erfahrungen
> im Labyrinth des Todes leiten,
> möge sie mich zur vollkommenen Erleuchtung führen.

Dies bitte ich in glühender Hingabe und konzentriere mein Bewusstsein auf die Unabänderlichkeit der göttlichen Gesetze. Ich erkenne die Urmutter als wahren Ursprung meines Seins. Im Gefühl meiner Geborgenheit verschmelze ich als Regenbogenlicht mit ihr. Ich höre den zarten Klang himmlischen Gesangs, vergehe in Liebe und löse mich in Reichtum auf.

XII – Das grüne Licht der allesvollendenden Weisheit und das trübe rote Licht der Sphäre der Titanen

Verblendung, Gewalt, Hass, Gier und menschliche Gewohnheiten müssen meine vergangenen Leben geprägt haben, denn Überreste davon behindern meine Befreiung aus dem Rad der Wiedergeburt in der Übergangsphase des Todes. Auf meinem bisherigen Weg durch den kosmischen Garten war ich willens und auch bemüht, mich von allen Anhaftungen an mein wahres Wesen zu reinigen.

Die Reinigung blieb unvollständig. Von Neid und Eifersucht getrieben, erlebe ich mich als Reisende im Labyrinth des Todes, und vor mir erscheint das grüne Licht der allesvollendenden Weisheit, rein und wendig wie der Wind verströmt sie sich als Gleichmut. Sie ist dem Element des Windes zugeordnet, denn sobald sie auf Widerstand stößt, leuchtet sie mit stürmischer Intensität, und grüne Funken blitzen auf wie Millionen winziger Smaragde. Ein Orkan aus Licht, strahlend grün und unwiderstehlich stark. Sein Anblick bereitet Schmerzen.

Im Augenblick der Pein erwächst der kosmische Geliebte aus dem quälenden Leuchten. Gehüllt in das grüne Gewebe seiner Weisheit strahlt er Männlichkeit und Klarheit aus. Eine hellgrüne Gefährtin hält ihn umschlungen. Vereint pulsieren sie im kosmischen Liebesakt. In Ekstase verströmen ihre Herzen das Licht der allesvollendenden Weisheit. Als allmächtiger Ansturm des Wissens durchleuchtet es klärend mein Innerstes und brennt reinigend in meinem Herzen.

Geblendet will ich mich abwenden und erblicke ein weiteres Licht. Rot und trübe schimmert es aus der Sphäre der Titanen und ist erschaffen aus Neid und Eifersucht. Ich weiß, es ist ein Fehler, sich dorthin zu wenden. Und doch verlockend in diesem Moment. Zu unbarmherzig tilgt das grüne Licht der allesvollendenden Weisheit alle Reste von Missgunst aus den verstecktesten Winkeln meines Wesens. Zu weh tut mir der große Ausputz.

Dies vergegenwärtige ich mir in diesem Moment: Sollte ich der Verlockung erliegen, würde ich unweigerlich auf die Seinsebene der Titanen gezogen, um als einer der ihren wiedergeboren zu werden. Ein trauriges Los. Für eine endlos anmutende Zeit müsste ich als titanisches Wesen die Götter bekämpfen, angetrieben von grenzenlosem Neid auf ihr erhabenes Dasein und der Lust an Intrigen und Dünkel auf hohem Niveau.

Doch genau das wirkt auch attraktiv auf mich. So fühle ich mich hin- und hergerissen und liebäugle mit dem trüben, roten Licht. Solange sich Anziehung und Abneigung die Waage halten, habe ich die Möglichkeit, folgende Bitte zu äußern:

Wenn ich von heftigem Neid getrieben durch
die Dimensionen des Daseins irre,
wenn ich das Licht der allesvollendenden
Weisheit kaum ertragen kann und Angst mich
auf die Ebenen der Wiedergeburt drängt,
dann möge der kosmische Geliebte in ekstatischer
Vereinigung mit seiner Geliebten mir beistehen,
mögen sie mich durch die Erfahrungen
im Labyrinth des Todes leiten,
mögen sie mich zur vollkommenen Erleuchtung führen.

Dies bitte ich in glühender Hingabe und konzentriere mein Bewusstsein auf das strahlend grüne Licht der allesvollendenden Weisheit. Ich erkenne den kosmischen Geliebten in Vereinigung mit seiner Geliebten als wahren Ursprung meines Seins. Im Gefühl meiner Liebe zu ihnen schmelze ich als Regenbogenlicht in ihre Herzen. Ich schwinge in Resonanz mit dem göttlichen Ton, vergehe in Gleichmut und löse mich in Ekstase auf.

XIII – Die Strahlen der fünf Weisheiten als siegreiche Eroberer und die trüben Lichter aus fünf Bereichen des Daseins

Eines ist sicher: Noch bin ich da. Zwar habe ich keinen physischen Körper mehr, aber meine Sinne funktionieren noch. Ich kann sehen und hören, und auch das Denken funktioniert noch. Es kreist um einen inneren Fixpunkt, den ich als mein Ich erkenne. Mein Ich hat mich mit seinen selbstsüchtigen Ratschlägen durchs Leben geleitet. Sein Selbsterhaltungstrieb ist der Stoff, aus dem die Brille gemacht ist, durch die ich das Labyrinth des Todes betrachte. Immer wieder beschlagen die Gläser. Dann irre ich womöglich als arme, hilfsbedürftige, verwirrte Reisende durch das Labyrinth des Todes, weiß weder ein noch aus und lasse mich von trüben Aussichten verleiten.

So nehme ich mich wahrscheinlich jetzt selbst wahr: etwas heruntergekommen, am Ende meiner Kräfte. Immer wieder habe ich nachgedacht, guten Willen gezeigt, habe versucht, die dunklen Winkel meines Seins vom Licht der Weisheit erhellen zu lassen.

Doch die Reinigung durch das blaue Licht der Weisheit der endgültigen Wirklichkeit blieb unvollständig. Ebenso die Reinigung durch das weiße Licht der spiegelgleichen Weisheit, die Reinigung durch das gelbe Licht der ausgleichenden Weisheit, die Reinigung durch das rote Licht der unterscheidenden Weisheit und die Reinigung durch das grüne Licht der allesvollendenden Weisheit. Nacheinander erschienen mir die fünf Weisheiten in ihrem jeweiligen strahlenden Licht. In Folge erblickte ich die trüben und auf seltsame Weise anziehenden Lichter der Sphären der verblendeten Götter, der Höllenwesen, der Menschen, der Hungergeister und der Titanen.

Ich überwandt die Anziehung der Sphären, überließ mich den Strahlen der Weisheit aber nur teilweise, sodass meine Erleuchtung noch auf sich warten lässt.

Ich hielt an meinem Ich fest und schleppe daher noch immer Überreste menschlicher Erinnerungen und Verhaltensmuster mit mir herum. Sie wiegen schwer und warten nur darauf, mich bei nächster Gelegenheit herunterzuziehen. Herunter auf eine der sechs Ebenen der Wiedergeburt.

In diesem Bewusstsein erscheinen nun die vier siegreichen Eroberer der objektiven Realität auf dem Antlitz des kosmischen Geliebten. Sie heißen Weisheit der endgültigen Wirklichkeit, Spiegelgleiche Weisheit, Ausgleichende Weisheit und Unterscheidende Weisheit und zeigen sich als leuchtendes Farbenspiel auf dem Gesicht des Geliebten. Eine Sinfonie des Lichts, komponiert aus den Urakkorden himmlischer Strahlung, die den kosmischen Geliebten zu einer blendenden Lichtgestalt formt. Reines, ewiges Wissen, verkörpert als gewaltige, kreative Darbietung der alles transformierenden endlosen Schöpferkraft. Dies ist die machtvolle Illumination göttlicher Macht.

Aus dem Herzen der Lichtgestalt strömt in Kaskaden das vierfarbige Wissen um die Einheit allen Seins. Ein endloses geflochtenes Band aus Licht, das in Wellen durch mein Wesen und ins Zentrum meines Herzens tanzt, kraftvoll und unmittelbar, direkter als jede Begegnung zuvor. Ich erkenne es als das gebündelte Licht des vereinten Seins und heiße es als das willkommen. Dies sind seine Aspekte:

Materie, deren Realität in Wahrheit die Leere ist.
Gefühle, deren Realität in Wahrheit die Leere ist.
Ideen, deren Realität in Wahrheit die Leere ist.
Bewusstsein, dessen Realität in Wahrheit die Leere ist.

In dem Moment, wo ich schutzlos schaue, explodiert mein Ich über seine Grenzen hinaus. Ich stehe im Geistesblitz der vier gebündelten Weisheiten und ihrer Aspekte. Mein Ich ist gleichzeitig hier und überall, konzentriert und vollkommen ausgedehnt. Mein kosmischer Geliebter ist bei mir, um mich herum und in mir drin. Es gibt nichts, was uns trennt, kein Gedanke, keine Wahrnehmung, kein Wissen, keine Illusion.

Aus dieser ruhenden Position erscheint mir jede Bewegung überflüssig, töricht, ein Irrtum, der auf den direkten Weg in die Wiederverkörperung auf einer der sechs Daseinsebenen führt.

Als Reisende habe ich nun einen großen Schritt getan, und es ist hilfreich, dessen gewahr zu sein. Ohne in die Falle aufkommenden Stolzes zu tappen. Oder Angst vor dem Erreichten zu haben. Das würde das augenblickliche Ende der Ruhe bedeuten.

Mit diesem Wissen werde ich zur Reisenden der Ewigkeit. All meine Verblendung und meinen Eigenwillen habe ich mit meiner Unwissenheit abgestreift. Dabei ist mein Ich über seine Grenzen hinaus aufgebrochen. In diesem Moment weiß ich, dass alles, was ich als getrennt von mir sah, Illusion ist. Geboren aus meiner Unfähigkeit, jegliche Phänomene meiner Wahrnehmung als nichtexistent zu begreifen.

Das Wissen um die Größe der Illusion lässt mich in demütiger Aufmerksamkeit ruhen. Es gibt nichts, was mich noch anziehen könnte, nichts, was mich noch abstößt, denn alles erscheint mir als eins. Darüber hinaus gibt es nichts. Die Leere in der Leere hat meine volle Aufmerksamkeit.

Im Moment der totalen Aufmerksamkeit treten aus meinem in die Unendlichkeit ausgedehnten Herzen die beiden sanften Herzenswächterinnen Wissen und Demut hervor. Gefolgt von den vier zornigen Herzensbewachern Gnadenlose Liebe, Vollkommene Gnade, Echte Gerechtigkeit und Furchtlose Hingabe. Ihnen folgen als Spiegelungen auf dem in die Ewigkeit ausgedehnten Antlitz des kosmischen Geliebten die Instinkte der Begierde in Person, dreiunddreißig an der Zahl und aus leuchtendem Mondlicht geboren. Gefolgt von vierzig personifizierten Instinkten der Aggression, aus strahlendem Sonnenlicht erwachsen. Denen weitere sieben personifizierte Instinkte der Ignoranz folgen, die allesamt bevorstehender Dunkelheit entstammen. Ein Reigen des Schreckens und des Zorns.

Wie auch immer ich diese Erscheinungen sehe, ich muss sie als das erkennen, was sie sind: reine Projektionen meines Selbst, die in diesem Moment vollkommener Ruhe vortreten und sich als Illusionen zu erkennen geben.

Wie sie sind auch die Segnungen meines Seins Illusionen: der geschlechtslose kosmische Geliebte ebenso wie seine Erscheinung als Urmutter, die fünf Weisheiten ebenso wie die sechs Sphären körperlichen Seins.

Sie sind Phänomene, die mir als Reisende im Labyrinth des Todes begegnen, in Wahrheit nicht wirklich existent, sondern nur Spiegelungen meines eigenen Seins. Ihr Auftreten folgt den Gesetzmäßigkeiten des Labyrinths des Todes gemäß meinen Notwendigkeiten. Diese Gesetze entstammen der Sphäre des Absoluten, während die Notwendigkeiten von mir selbst geschaffen sind.

In meiner Ruhe und grenzenlosen Ausdehnung erkenne ich, dass auch alle Gesetze und Notwendigkeiten in Wahrheit Illusionen sind, denn eigentlich gibt es nur eine namen- und formlose Realität.

Während ich mich nun auf die Quelle allen Seins zubewege, erblicke ich die himmlischen Führer des Labyrinths des Todes. Paarweise schweben sie aus meinem Herzen. Die göttlichen Väter in ekstatischer Vereinigung mit den Urmüttern. Aus ihren Herzen leuchten jetzt die Lichtstrahlen der Vereinigung von vier Weisheiten in mein Herz, fein wie Fäden, die aus Sonnenlicht gesponnen wurden.
Gleißend fällt das weiße Licht der spiegelgleichen Weisheit auf mein Herz, und ich erkenne mich in einer spiegelnden Kuppel, die mich in einem Meer aus Funken reflektiert.
Gleißend fällt das himmelblaue Licht der Weisheit der endgültigen Wirklichkeit auf mein Herz, und ich erblicke mich als funkelnde Reflexion in ihrem Firmament.
Gleißend fällt das gelbe Licht der ausgleichenden Weisheit und das rote Licht der unterscheidenden Weisheit auf mein Herz, und ich erfahre mich als strahlende Spiegelung in der Pracht meines Seins.
Das Licht der gebündelten Weisheiten gibt mir die letzte Weihe, und ich schmelze ins göttliche Gewahrsein.
Ich bin nun von der misslichen Möglichkeit befreit, mein Dasein als trieb- und instinktgesteuerte Existenz in einem der vier unteren Bereiche körperlichen Seins fristen zu müssen. Ich bleibe eine Reisende im Labyrinth des Todes. Aber es steht mir frei, solange ich beabsichtige, in der Vereinigung mit dem göttlichen Gewahrsein zu bleiben oder, wann immer ich will, eine für meine Absichten geeignete Wiederverkörperung zu

wählen, um eine Position in dem ewigen Kampf zwischen Gut und Böse einzunehmen.

Sollte ich der letzten Weihe immer noch ausweichen und damit auch keine Befreiung erlangen können, verharre ich weiterhin in Gedankenstille und lautlosem Gewahrsein, eine Zeugin eigener Unendlichkeit und gleichzeitig ein Schwimmer in einem trügerischen Strom, der mich in die Tiefe zu reißen sucht. Gleichmütig und möglichst unbeteiligt lässt sich der Schwimmer treiben, denn dies ist sein Schicksal, und jeder Widerstand dagegen müsste seine Kräfte augenblicklich erschöpfen und seinen Fall besiegeln.

Ich bin eine Reisende, die sich als Reisende auf ihrer Reise zusieht, unbeteiligt, abgeklärt, im Herzen still, aller Gedanken entleert, von allen Wünschen befreit, von allen Instinkten geläutert, besonders den Instinkten zum Überleben. So treibe ich im reißenden Strom und ruhe zugleich vollkommen in mir.

Dies wird mir helfen, wenn nun neben den Strahlen der Weisheit die trüben Lichter der sechs Dimensionen egozentrischen Daseins vor mir aufscheinen. Weiß aus der Sphäre der verblendeten Götter, rot aus der Sphäre der eifersüchtigen Titanen, blau aus der Welt der triebhaften Menschen, grün aus der Welt der instinktgesteuerten Tiere, gelb aus dem Bereich der gierigen Hungergeister und rauchfarbenes Licht aus dem Reich der hassgesteuerten Höllenwesen.

Es könnte sein, dass ich wankend werde und mich eines der trüben Lichter besonders anzieht. Ich nehme diese

Anziehung wahr, erkenne aus der Position der in vollkommener Ausdehnung ruhenden Wissenden, wohin es führen müsste, wenn ich der Anziehung nachgeben und mich in Richtung der Anziehung konzentrieren würde. Augenblicklich würde ich meine Ruhe aufgeben, auf eine niedrigere Seinsebene sinken, um dort wiedergeboren zu werden und erneut in den Irrgarten des Lebens zu tauchen.

Im Wissen um die quälenden Dimensionen egozentrischen Daseins verharre ich in Gedankenstille und ruhe in der Abwesenheit konkreter Vorstellungen. Meine Zuflucht ist das reinigende Licht der gebündelten Weisheiten. Es entspringt meinem eigenen, ausgedehnten Herzen, und ich erblicke es als Reflex auf dem spiegelgleichen Horizont meines vollkommen entfalteten Seins. Dies ist die natürliche Ausstrahlung der Weisheit meines eigenen Gewahrseins. Im Moment vollständigen Erkennens meines wahren Selbst zeigt sich der fünfte Eroberer der objektiven Realität. Als leuchtend grünes Licht allesvollendender Weisheit erstrahlt er in meinem Herzen. Ich höre einen hellen, anschwellenden Ton und verklinge als kosmische Silbe.

Sollte ich mich den fünf Weisheiten meines göttlichen Herzens nur unvollständig öffnen können, äußere ich folgende Bitte:

> Wenn ich von Verblendung und Hass,
> Stolz und Gier, Neid und Dummheit getrieben
> durch die Dimensionen des Daseins irre,

wenn ich die fünf Lichter der Weisheit als fremd ansehe,
dann möge ich von den fünf Eroberern der
objektiven Realität geleitet werden,
mögen die fünf Farben des kosmischen
Geliebten meine Zuflucht sein,
möge ihre gebündelte Weisheit mich davon
abhalten, der Anziehung durch die sechs
niedrigen Dimensionen des Seins zu erliegen,
mögen die Erfahrungen im Labyrinth des Todes
mich endgültig geläutert und geheilt haben,
möge ich nun im vereinten Reich reinen göttlichen
Seins in vollkommener Erleuchtung ruhen.

XIV – Die Strahlen der fünf Weisheiten als Hüter des Wissens und das trübe grüne Licht der Tierwelt

Von der Evolution in die Irre geleitet, von der vollständigen Wahrnehmung der Wahrheit noch entfernt und gefangen in den Begrenzungen instinktiver Erinnerungen konnte ich die in der Übergangsphase des Todes empfangenen Belehrungen bisher nur lückenhaft zu meiner endgültigen Befreiung nutzen. Voller Illusionen über die Natur meines Seins wandere ich als Reisende durch das Labyrinth des Todes. Und je länger ich hierbleibe, noch immer zu unreif und unwissend für die Erlösung von den Leiden der Wiedergeburt, umso wahrscheinlicher wird meine erneute Verkörperung auf einer der sechs egozentrischen Daseinsebenen.

In diesem Stadium meiner Reise dämmert der fünffarbige Regenbogen auf, nicht mehr gleißend hell und unerbittlich intensiv, sondern angenehm leuchtend, sodass mein Blick nicht geblendet ausweichen will. Während ich im Anblick des Regenbogens versinke, sehe ich die Hüter des Wissens aus meinem Herzen kommen. Sie sind von menschlicher Gestalt und aufgestiegene Meister, die mir nun zu Hilfe eilen, um mich sicher durch die Schrecken des Labyrinths des Todes zu leiten.

Ich kann ihre Anleitung gut gebrauchen, weil sich gleich das Tor zur Tierwelt vor mir öffnen wird. Es weist den Weg in die Dummheit. Den Pfad zur tierischen Wiedergeburt auf der Ebene mangelnder Intelligenz und der Ignoranz.

Ich bin gewarnt und heiße die Hüter des Wissens willkommen, auch wenn nicht alle vertrauenerweckend aussehen. Als Erstes erscheint die oberste Hüterin des Wissens um die vollkommene Reifung, auch Fürstin des bewegungslosen Tanzes genannt. Ihr Körper schimmert in den Farben des Regenbogens. Sie trägt ein Schwert und hat die Fähigkeit, evolutionäre Last von allen Lebe- und Sterbewesen zu schneiden. Ihr Gefährte ist der weiße Hüter des Wissens um die Stadien des Alterns. Er lächelt und hält das Buch der fortschreitenden Weisheit in der Hand. Beide haben den Blick gen Himmel gerichtet. Ihnen folgt der gelbe Hüter des Wissens um die Spanne eines jeden Lebens. Er ist kostbar gekleidet und hält eine Schale mit dem Elixier der

Unsterblichkeit in der linken Hand. An seiner Seite: die Hüterin des großen Siegels, in eine leuchtend rote Robe gehüllt. Sie schaut in den Himmel. Er lächelt. Sie trägt einen freundlichen Ausdruck im Gesicht und er einen goldenen Ring am rechten Mittelfinger. Ihnen folgt die Hüterin der Mühelosigkeit. Sie trägt eine grüne Robe und hat ein grimmiges Gesicht.

Nun erscheint das zahllose Gefolge der dienenden Geister. Die Geisthelfer der Krematorien und Friedhöfe, der Kirchen und Wallfahrtsorte. Die Schutzgeister des Glaubens und der Andacht, der feinen Wirbel und Gewahrseinstropfen. Dazu Heerscharen von männlichen und weiblichen Geisteskriegern, martialisch anzusehen. Sie tanzen und springen, schütteln sich und füllen das ganze Universum, bis es zittert, wankt und erbebt und mir die Trommelfelle zu platzen drohten, wenn ich noch physische Ohren hätte, um all das zu hören.

Und wie ich höre! Ich, eine Reisende im Labyrinth des Todes, höre den ohrenbetäubenden Lärm mit geistigen akustischen Sinnen, und der Krach, den die dienenden Geister machen, ist fürchterlich.

Und wie ich sehe! Meine optische Wahrnehmung ist geschärft wie nie, auch wenn ich als Reisende im Labyrinth des Todes keine biologischen Augen mehr habe, um physisch zu sehen. Mit meinen geistigen Augen erkenne ich abertausend hässliche und abschreckende Details.

Voller Grausen will ich mich abwenden. Im gleichen Moment erblicke ich das trübe grüne Licht, das den

Weg in die Tierwelt weist. Einladend scheint es im Vergleich zu dem Aufgebot des Schreckens aus der geistigen Welt.

Doch demonstrieren die geistigen Diener lediglich, dass sie jegliche Angst vor Schmerzen und Tod überwunden haben. Mit Dingen, vor denen es Menschen gewöhnlich graust, schmücken sie sich. Und wollen mir auf erschreckend absurde und grotesk eindringliche Weise helfen. Wie sonst sollte ich meinen Irrtum noch erkennen und begreifen, dass ihr ganzer Auftritt eine einzige groß angelegte Illusion ist?

Im Augenblick der Erkenntnis durchdringt mich fünffarbiges Licht aus den Herzen der fünf Hüter des Wissens und blendet mich mit den Strahlen der Weisheit. Mächtiger Donner ertönt, rollt und grollt, lässt das Labyrinth des Todes erbeben und mich erzittern. Übertönt noch durch Heulen wie bei einem Sturm unvorstellbarer Härte. Schon wähne ich mich zum Tor in die Tierwelt geweht, fühle mich über die Schwelle gestoßen und in den Rachen der tierischen Wiedergeburt geworfen, denn trübe und harmlos, aber nur allzu deutlich scheint nun das grüne Licht der Welt der Dummheit vor mir auf und weckt kaum noch Widerstand.

Zu gern würde ich Zuflucht finden vor dem Donner der Erkenntnis. Zu gern wüsste ich mich geschützt vor dem Ansturm des fünffarbigen Wissens. Zu gern würde ich mich retten vor den durchdringenden Strahlen des Regenbogens der Weisheit.

Aber ich weiß, dass es zu meinem Schaden wäre. Angezogen von dem trüben grünen Licht würde ich augenblicklich hinuntergerissen auf die niedere Ebene animalischer Existenz, wo die Dummheit allgegenwärtig ist, Ignoranz eine Praxis und das Überleben zu misslich ist, um es in beschönigende Worte zu kleiden. Denn die allgegenwärtige Blödheit ist sich ihrer Idiotie nicht bewusst, sondern ganz im Gegenteil: Die Präsenz der Dummheit wird kaum durch das geringste Aufkeimen von Erkenntnis gemildert. Einmal tierisch, lange tierisch, womöglich sehr lange. Kein geeigneter Platz, um sich zu verstecken. Schon gar nicht, wenn ich mein von Instinkten gesteuertes Verhalten schon weitgehend abgelegt habe und es in Wahrheit so gut wie keinen Grund mehr gibt, mich vor den blendenden Strahlen des Regenbogens schützen zu wollen.
Sollten sich letzte Reste von Instinktmustern in mir verborgen halten, erinnere ich mich an Folgendes:
Alle Hüter, Geister und Erscheinungen entstammen dem Fegefeuer meiner eigenen Einbildung, um mir auf meinem Weg durch das Labyrinth des Todes zu helfen. Aus einem unbewussten, tief in mir verborgenen Reflex gelang es mir, sie zu rufen. Ich habe sie gerufen, damit sie mir helfen. Jetzt sind sie da und nur dazu da, mir zu helfen. Töricht, ihre Hilfe abzulehnen, denn sie ist zu kostbar.

In meiner Not richte ich folgende Bitte an sie:

> O ihr Hüter des Wissens,
> leitet mich auf den Weg spontan wachsender Weisheit,
> wenn ich von Dummheit getrieben durch
> die Dimensionen des Daseins irre.
> Leitet mich auf den Weg ekstatischer Liebe,
> wenn ich von Instinkten getrieben durch
> die Dimensionen des Daseins irre.
> Mögen die dienenden Geister mir helfen,
> die Erfahrungen im Labyrinth des
> Todes als Illusion zu erkennen,
> möge ich nun das Reich göttlichen Seins erreichen,
> möge ich auf diesem Wege endgültige
> Befreiung erlangen.

Wenn ich diese Bitte in dem Bewusstsein vortrage, dass sie bereits erfüllt ist, werde ich mich im gleichen Augenblick als Regenbogen im Herzen der obersten Hüterin des Wissens auflösen, begleitet von dem verklingenden Ton einer Glocke. Und mit dem Bewusstsein, dass ihr Herz in Wahrheit meines ist, erlange ich augenblickliche Befreiung aus dem mühevollen Rad der Wiedergeburt.

Die Traumphase des Todes und der Auftritt der grimmigen Geister

XV – Die Erscheinung des Hochmuts

Weil ich die bisher erhaltenen Lehren zur Befreiung aus dem Rad der Wiedergeburt nur unvollständig in die Tat umsetzen konnte, schwindet die Wahrscheinlichkeit, einer Wiederverkörperung doch noch aus dem Wege zu gehen. Es gibt keinen Grund, sich an dieser Stelle darüber zu beklagen, denn als reisende Seele im Labyrinth des Todes bin ich kein Opfer der Umstände, sondern alleinige Gestalterin meines Schicksals. Als mir das Licht des ungeformten, ewig seligen göttlichen Seins leuchtete, muss ich das wohl verschlafen haben. Die Möglichkeiten der Befreiung durch das Auftauchen des kosmischen Geliebten und der gütigen Verkörperungen des Göttlichen ließ ich ebenfalls verstreichen. Wie so viele Möglichkeiten, die ich in meinem vergangenen Leben verschlafen oder übersehen habe. Momente mangelnder Aufmerksamkeit mit weitreichenden Folgen.

Nun bin ich eine Reisende im Labyrinth des Todes. Und auf diesem Abschnitt meiner Reise tauchen die weniger gütigen und freundlichen Geister im Fenster meiner Wahrnehmung auf. Auch sie reichen die Hand zur Befreiung aus zunehmend misslicher Lage. Wenn es mir gelingt, sie im Moment ihres Auftauchens als Vorspiegelungen meines eigenen Bewusstseins zu erkennen und sie als Visionen in Licht aufzulösen, werde ich augenblicklich erleuchtet und verglühe wie ein Funke im klaren Licht der objektiven Realität. Dieses Wissen will ich bewahren, was auch geschieht, um das Beste aus meiner Situation zu machen.

Im Labyrinth des Todes werde ich als reisende Seele nun mit kaum vorstellbaren Schrecken konfrontiert. Sinnlos, diesen ausweichen zu wollen. Angst und Fluchtversuche rufen nur weitere Horrorfiguren und -szenarien auf den Plan. Denn dies ist Teil meines Weges: Was ich auch sehe, es dient dazu, mich endlich aufzuwecken. Noch schlafe ich und erlebe mich vielleicht wie im Traum, zum Teil bewusst, aber eben nur zum Teil, also mir meiner selbst unvollständig gewahr, doch gleich werde ich erwachen, ob ich will oder nicht.

Wenn ich mich von Angst und Panik überwältigen lasse, erwache ich womöglich nur für einen kurzen, schrecklichen Moment und falle gleich darauf wieder in Ohnmacht. Bewusstlos müsste ich auf die tieferen Ebenen der Wiederverkörperung sinken, getragen von meinen negativen Erfahrungen und Verhaltensmustern aus früheren Inkarnationen. Eine Aussicht, die mir die Kraft geben sollte, den größten Schrecken und gewaltigsten Ausgeburten des Horrors ins Auge zu sehen. Sie entstammen den dunklen Regionen des Weltbewusstseins. Während zahlloser vergangener Inkarnationen bin ich immer wieder in das Weltbewusstsein eingetaucht. Ich war ein Teil davon, und es war ein Teil von mir. So kann ich sicher sein, dass alle Visionen, die ich nun haben werde, Projektionen meines eigenen Bewusstseins sind.

Sie sind wie alte Freunde, denn sie kommen, um mir zu helfen. Im Moment, wo ich sie freudig willkommen heiße, erkenne ich sie als das, was sie in Wahrheit sind: Vorspiegelungen aus meinem Schatzkästchen gesammelter Erinnerungen. Aus höherer Perspektive zeigen sie sich als die fünf Hüter des Wissens und die fünf Farben der Weisheit.

Als Erstes erscheint der personifizierte Hochmut. Er zeigt sich in einem Flammenmeer und tritt lachend aus meinem eigenen Hirn. Sein Lachen brüllt wie Sturm. Er hat einen lodernden Blick. Wo er hinschaut, zeichnen sich Katastrophen und Kriege ab. Wahrscheinlich zeigt er sich in dunkelbraunen, roten und schmutzig weißen Farben mit menschlichem Gesicht, tierischem Leib und waffenstarrenden Händen. Womöglich sieht er aber noch viel furchtbarer aus, denn sein Hochmut ist so gewaltig, dass er keine Barmherzigkeit kennt und sein Wille, mich in Furcht zu versetzen, keine Grenzen. Bei seinem Anblick zittere ich mit jeder Faser meines Seins. Ich möchte vor Angst versinken, denn dies ist mein eigener Hochmut in seiner fürchterlichsten Gestalt.

In meiner Not äußere ich folgende Bitte:

> Wenn ich voller Angst durch das
> Labyrinth des Todes irre,
> wenn mir Panik und Bewusstlosigkeit drohen,

> möge ich in meinem Hochmut einen
> erhabenen Helfer erkennen,
> möge ich die Weisheit der endgültigen
> Wirklichkeit in ihm erblicken,
> um augenblicklich erleuchtet und befreit zu werden.

Mit dieser Bitte richte ich nun meine volle Aufmerksamkeit auf die Erscheinung meines Hochmuts. Kein Detail entgeht meiner Wahrnehmung. Und je genauer ich hinschaue, umso mehr verblasst aller Schrecken. Gleichzeitig wächst die Intensität meines Blicks. Ich durchschaue die Gestalt als ureigene Vision und sinke in das himmelblaue Licht der Weisheit der endgültigen Wirklichkeit. Furchtlos, frei.

Sollte ich das himmelblaue Licht erblicken und den Blick darauf bis in letzter Konsequenz ruhen lassen können, werde ich die Verkettung von Leben, Tod und Wiedergeburt aufbrechen und die Wahl haben, ob ich im körperlosen Gewahrsein ruhen oder als vollkommen Erwachter wiedergeboren werden will, um in einer der ich-bezogenen Daseinssphären als Engel des Göttlichen zu wirken.

Sollte ich das himmelblaue Licht erblicken, darin ruhen können, doch schließlich meinen Blick unruhig abwenden wollen, werde ich wahrscheinlich in einer der höheren Dimensionen ich-bezogenen Daseins als geistiger Lehrer wiedergeboren.

Sollte ich das himmelblaue Licht nur flüchtig erblicken, aber dennoch Angst und Schrecken standhalten, muss ich weiterhin durch das Labyrinth des Todes irren. Begleitet von der Hoffnung, dass das Laserlicht der kosmischen Intelligenz mir zu meinem eigenen Wohl doch noch alle negativen Eigenschaften und Anhaftungen aus dem Pelz meiner Illusionen brennt.

XVI – Die Erscheinungen des Hasses

Ich bin gestorben und habe mein Leben und meinen physischen Körper hinter mir gelassen. Losgelöst von formalen Begrenzungen treibe ich wie ein Gedanke durch das Labyrinth des Todes. Federleicht, wie ich jetzt bin, kann mich jeder Hauch durcheinanderwirbeln, aber diese Vorstellung sehe ich mit Gleichmut. Sie beruht auf der Macht der Einbildung und ist genauso irreal wie die Erscheinungen des Hasses, die nun aus dem östlichen Viertel meines Bewusstseins auffliegen. Ein Schwarm des Schreckens. In vielerlei Gestalt und doch ein gemeinsames Wesen zugleich.
Wahrscheinlich zeigt sich der Hass in schwarzem Schimmer, dazu tiefblau und rot. Wahrscheinlich zeigt er sich Vögeln gleich, aber mit übermenschlicher Intelligenz ausgestattet und gewaltigen Flügeln aus Stahl. Wahrscheinlich erscheint er mit lautem Krächzen, das sich in die Wahrnehmung bohrt, und metallisch klirrendem Flügelschlag. Wahrscheinlich schaut er wie mit tausend kalt leuchtenden Augen und nähert sich in Gestalt von fliegenden Seraphim. Wo sie hinblicken,

erspähen sie Opfer. Menschen und Tiere, die sich voller Schmerzen winden. Gemartert, gequält, leidend, sterbend, zu furchtbarem Tod verdammt.
Vielleicht zeigt sich der Hass noch weit erschreckender. Bei seinem Anblick zittere ich mit jeder Faser meines Seins. Ich möchte vor Angst versinken, denn dies ist mein eigener Hass in seiner fürchterlichsten Gestalt.
In meiner Not äußere ich folgende Bitte:

Wenn ich voller Angst durch das Labyrinth des Todes irre,
wenn mir Panik und Bewusstlosigkeit drohen,
möge ich in meinem Hass
einen erhabenen Helfer erkennen,
möge ich die spiegelgleiche Weisheit in ihm erblicken,
um augenblicklich erleuchtet und befreit zu werden.

Mit dieser Bitte richte ich nun meine volle Aufmerksamkeit auf die Manifestation meines Hasses. Indem ich seine Erscheinung als Trugbild erkenne, transformiere ich alle Reste von Hass in das weiße Licht der spiegelgleichen Weisheit, um doch noch Befreiung zu erlangen.

XVII – Die Erscheinung des Stolzes

Von Angst und Abneigung überwältigt bin ich vor meinem Hass geflohen und habe verpasst, in ihm einen Gott meines Daseins zu erkennen. So muss ich weiter durch das Labyrinth des Todes irren, unerlöst, von wachsender Furcht getrieben und verzweifelt auf der Suche nach einem Ausweg.

Dies ist der Moment, wo der personifizierte Stolz vor mir erscheint. Er kommt aus meinem eigenen Kopf, geboren aus dem südlichen Viertel meines Bewusstseins, und er baut sich zu gewaltiger Größe vor mir auf. Wahrscheinlich zeigt er sich männlich und weiblich zugleich, janusköpfig, mit schmutzig gelben, dunkelroten und weißgrauen Gesichtern, zu Grimassen verzerrt. Wahrscheinlich hat er viele Arme und Hände. In einer Hand hält er einen Stab und holt damit zum Schlag gegen mich aus. In einer anderen trägt er einen Dreizack, den er auf mich zu schleudern droht. Und in einer Faust hält er eine gewaltige Keule, mit der er mich zermalmen möchte. Womöglich sieht er aber noch viel furchtbarer aus. Wie genau, erkenne ich jetzt, wo ich ihn sehe.

Sein Anblick lässt mich frösteln, und ich höre einen sehr hohen Ton, der mich pfeifend durchdringt und mich in höchste Angst versetzt. Ich bin eingeladen, mich zu entspannen, der grelle Klang ist reinigend, und die Erscheinung des Stolzes wird meine Rettung sein. Als reisende Seele im Labyrinth des Todes brauche ich die Konfrontation. Nur Visionen von dieser Intensität vermögen mich noch aufzuwecken. Tiefer Schlaf hielt mich umfangen. Wie im Traum erschienen mir die Urtypen meines Unterbewusstseins. Solange ich sie nur unvollständig wahrhaben wollte, musste ich weiter dämmern, halb betäubt, halb bewusst, doch wach genug, um die

endlosen Schmerzen dieser Art des Daseins zu spüren. Nun bin ich endlich erwacht. Aber was ich sehe, ist furchtbar. Nur zu gern würde ich wieder in die Umnachtung flüchten. Sollte ich dem Bedürfnis nachgeben, müsste ich unweigerlich in die niedrigen Ebenen der Verkörperung sinken.
In großer Not äußere ich folgende Bitte:

> Wenn ich voller Angst durch das
> Labyrinth des Todes irre,
> wenn mir Panik und Bewusstlosigkeit drohen,
> möge ich in meinem Stolz einen
> erhabenen Helfer erkennen,
> möge ich die ausgleichende Weisheit in ihm erblicken,
> um augenblicklich erleuchtet und befreit zu werden.

Mit dieser Bitte richte ich nun meine volle Aufmerksamkeit auf die Erscheinung meines Stolzes. Ich erkenne sie als Illusion und verschmelze mit dem gelben Licht der ausgleichenden Weisheit, um doch noch erlöst zu werden.

XVIII – Die Erscheinung der Gier

Wenn ich mich weiterhin von Angst und Panik blenden lasse, werden mich auch die erschreckenden Visionen weiter begleiten. Und das ist gut so. Ihr erhabener Sinn ist es, mich so lange zu verfolgen, bis ich ihre fürchterliche Präsenz gelassen und in vollkommener Ruhe als Trugbilder meines eigenen Bewusstseins wahrnehme, um auf dem Pfad der Erkenntnis den Ausgang aus dem Labyrinth des Todes zu erreichen.

Das Ende meiner Leiden ist nah, denn nun kriecht die Gier dunkelgelb und rot wabernd aus dem westlichen Viertel meines Gehirns und nimmt Gestalt vor mir an. Wahrscheinlich wird sie halb tierisch, halb menschlich erscheinen. Vielleicht mit dem Kopf einer Hyäne und dem Körper eines Menschen, männlich und weiblich zugleich. Wahrscheinlich wird die Gier ihre Zähne fletschen und so laut jaulen, dass sie das ganze Universum mit einem kreischenden Laut erfüllt. Wo die Gier mit ihren gierigen, kalt leuchtenden Augen hinschaut, materialisiert sich größtes Leid.

Womöglich erblicke ich die Gier in noch weit erschreckenderem Gewand. Dies ist die Erscheinung meiner Süchte und Begierden, die ich in einer früheren Inkarnation besonders hemmungslos ausgelebt haben muss. In diesem Stadium meiner Reise durch das Labyrinth des Todes dienen alle Visionen nur dazu, mich in Angst zu versetzen. Es wird mir keine Probleme machen, die wachsende Angst auszuhalten, solange ich aufkommende Panik überwinde.

Die Angst ist notwendig und hilfreich, denn sie weckt mich auf, hält mich wach und gibt mir die Möglichkeit, mich vollkommen auf das Wesentliche zu konzentrieren. Das Wesentliche ist das Wesen, das mir Angst macht. Eine Ausgeburt aus den Tiefen meines Bewusstseins. Ein Teil von mir also, denn ich bin es, der sich selbst Angst macht.

Bevor meine eigene Angst mich überwältigen kann, äußere ich in höchster Not folgende Bitte:

> Wenn ich voller Angst durch das
> Labyrinth des Todes irre,
> wenn mir Panik und Bewusstlosigkeit drohen,
> möge ich in meiner Gier einen
> erhabenen Helfer erkennen,
> möge ich die unterscheidende Weisheit in ihr erblicken,
> um augenblicklich erleuchtet und befreit zu werden.

Mit dieser Bitte richte ich nun meine volle Aufmerksamkeit auf die Erscheinung meiner Gier. Ich erkenne sie als ureigenes Trugbild und verschmelze mit dem hellroten Licht der unterscheidenden Weisheit, um doch noch erlöst zu werden.

XIX – Die Erscheinung des Neides

Ich bin ein Schläfer in tiefer Umnachtung. Panik hat mich im Labyrinth des Todes überwältigt. Ich fiel in Bewusstlosigkeit. Im Dämmerzustand hatte ich Visionen, sah Bilder von Kriegen und von Verbrechen, begangen von Wesen, denen ich nie wieder begegnen will. Davon bin ich aufgewacht. Am liebsten würde ich weiterschlafen, behütet von lieblichen Erscheinungen und zarten

Bildern, um mich von dem fürchterlichen Anblick zu erholen, doch dies ist unmöglich.

Ich bin eine reisende Seele im Labyrinth des Todes, und mir bleibt als Ausweg nur die Konfrontation. Schon naht die nächste Gelegenheit, denn nun springt der Neid dunkelgrün und rot aus dem nördlichen Viertel meines eigenen Gehirns. Es ist mein Neid, der für mich nun eine Form annimmt.

Wahrscheinlich zeigt er sich mir als Narr in menschlicher Gestalt und hat als Diener und Helfer eine gewaltige Menge Narrenvolk. Wahrscheinlich zieht er Grimassen und verhält sich auf eine widerliche Weise. Wahrscheinlich klingt sein Lachen wie ohrenbetäubendes Wiehern, und wenn er seine Witze macht, so tönen sie schaurig wie Gebrüll. Wahrscheinlich schlagen sich seine Diener und Helfer aus Spaß und Übermut gegenseitig die Köpfe ein und werden dennoch zahlenmäßig immer mehr.

Womöglich erscheint mein Neid noch viel schrecklicher. Ich spüre meine Angst mächtiger werden, halte aber aufkeimender Panik stand.

Im Moment größter Not äußere ich folgende Bitte:

Wenn ich voller Angst durch das
Labyrinth des Todes irre,
wenn mir Panik und Bewusstlosigkeit drohen,
möge ich in meinem Neid einen
erhabenen Helfer erkennen,
möge ich die allesvollendende Weisheit in ihm erblicken,
um augenblicklich erleuchtet und befreit zu werden.

Nun richte ich meine volle Aufmerksamkeit auf die Erscheinung meines Neides, erkenne sie als Illusion und verschmelze mit dem grünen Licht der allesvollendenden Weisheit.

XX – Auftritt der acht Dämonen

Auch wenn ich mich in meiner letzten Inkarnation bemüht habe, nach bestem Wissen zu leben und meine Instinkte und Triebe gut zu lenken, so habe ich meine negativen Verhaltensmuster doch zumindest teilweise behalten. Ich muss mir dies jetzt eingestehen, um mich meinen inneren Dämonen zu stellen. Sie heißen Gottesleugner, Mörder, Ehebrecher, Dieb, Verräter, Lügner, Geizhals und Faulpelz. Sie sind die Negationen jeden Daseins und erscheinen mir wie wahre Teufel.
Aus dem Ostviertel meines Hirns erhebt sich die Gestalt des Mörders, bleich und bedrohlich.
Aus dem Südviertel naht die Gestalt des Verräters, gelb im Gesicht und gemein.
Aus dem Westviertel nähert sich die Gestalt des Geizhalses, rot im Gesicht und voller Gier.
Aus dem Nordviertel nähert sich die Gestalt des Ehebrechers, grün im Gesicht und voller Neid und Lust.
Im Südosten meines Gehirns erwächst die Gestalt des Gottesleugners, rotgolden im Gesicht und voller Wut.
Im Südwesten meines Gehirns steht nun die Gestalt des Diebes auf, grünlich schwarz und mit verschlagenem Ausdruck im Gesicht.

Im Nordwesten meines Gehirns erhebt sich nun die Gestalt des Faulpelzes, graugelb im Gesicht und mit einem abgeschlagenen Kopf in einer Hand und einem blutenden Herzen in der anderen.

Im Nordosten meines Gehirns türmt sich nun mächtig und gewaltig die Gestalt des Lügners auf. Schwarzblau im Gesicht, hält er eine herausgerissene Zunge in der einen Hand und einen abgerissenen Kopf in der anderen.

Dies sind meine inneren Dämonen. Sie sind Verkörperungen meiner Wut, meiner Eifersucht, meiner Habgier, meiner Ignoranz, meiner Überheblichkeit, meiner Eitelkeit, meiner Dummheit und meines Egoismus. Vielleicht sehen sie für mich noch viel furchtbarer aus. Tierisch, menschlich und titanisch zugleich. Ihr bloßer Anblick lässt mich erstarren. Doch nun reißen sie ihre Münder auf, schreien, brüllen, fauchen, rufen. Es klingt wie Donner, Kreischen, Quietschen, Knarren, Knarzen und Kratzen zugleich, eine Kakofonie vereinter Negativität, erschreckend bis in die feinste Faser meines Seins.

Hinter ihnen erscheinen ihre Handlanger als personifizierte Sünden. Sie entstammen meinen Erinnerungen an die Weltseele, gesammelt in vielen Inkarnationen. Sie hören auf hundert hässliche Namen, bilden das Heer der Handlanger und begehen Greueltaten. Die Dämonen schauen beobachtend zu, offensichtlich ungerührt von Folter, Mord, Kampf und blutiger Zerstörung. So gnadenlos und ungerührt schauen die Dämonen zu, dass ich in ihnen die Urmutter allen Seins erkenne, die große Zerstörerin und Gebärerin allen Lebens.

Im Moment des Erkennens fühle ich mich im Zentrum mystischer Macht, umringt von den acht großen Zerstörerinnen und Schöpferinnen organischen Lebens.
Sie kommen aus den Tiefen meines Bewusstseins. Ihr Anblick macht mich staunen, erfüllt mich mit Bewunderung und Liebe und lässt mich jeden Gedanken an Angst vergessen. In Liebe erkenne ich sie als göttliche Spiegelungen meines Selbst und schmelze in ihr Bewusstsein.
Sollte ein Rest von Angst mich aufhalten, äußere ich folgende Bitte:

Wenn ich voller Angst durch das
Labyrinth des Todes irre,
wenn mir Panik und Bewusstlosigkeit drohen,
möge ich in den Dämonen die
Urmutter allen Seins erkennen,
möge ich die Urmutter als Spiegelung
meines Selbst ansehen,
um augenblicklich erleuchtet und befreit zu werden.

XXI – Auftritt der Wächterinnen und Schlüsselträger

Konfrontation hat mir keine Befreiung gebracht, betäubt durch Panik entglitt mir die Aufmerksamkeit, so bleibe ich weiterhin eine reisende Seele im Labyrinth des Todes. Hin- und hergerissen zwischen Schlafen und Wachen, plötzlicher Bewusstlosigkeit und Momenten kristallklaren Gewahrseins. Die Momente der Klarheit waren jedoch zu kurz, um die Schrecken im Labyrinth des Todes endgültig zu überwinden, denn ich habe meine Augen verschlossen vor den Dämonen, die in Wahrheit Verkörperungen der negativen Seiten meines Wesens waren. Hätte ich in ihnen Wirken und Sein des Absoluten und Einzigen erkannt und sie mit meiner Liebe umarmt, wäre ich augenblicklich befreit worden von den Begrenzungen der Täuschung und Illusion.

Wenig einsichtig, wie ich noch immer bin, muss ich weiter durch das Labyrinth des Todes wandern. Das wird eine Herausforderung sein für mich, denn nun erheben sich die vier Wächter der vier Ausrichtungen meines untersten Bewusstseins. Gefolgt von den Schlüsselträgern der dunkelsten Kammern meines untersten Bewusstseins, jenen am schwersten zugänglichen Bereichen meiner in zahllosen Inkarnationen gewachsenen Erinnerungen.

Aus dem östlichen Viertel meines Gehirns fliegt weiß und kreischend ein Adler auf, der einem Löwen weicht, der gelb vor Stolz aus dem Südviertel tritt. Von Westen naht grün eine gewaltige Schlange, die aus Neid vor seiner Schönheit den Löwen vertreibt. Da erhebt sich im Norden ein mächtiger roter Hund, der hechelnd vor Hunger die Schlange verjagt und dann gierig zu mir blickt.

Noch bin ich ohne jede Angst und erkenne das Wirken der Urmutter allen Seins in ihm. Das Hundegesicht wird ihr Gesicht, groß wie eine Leinwand, auf der sich nun in schneller Folge Szenen abspielen.

Im Osten und im Westen, im Süden und im Norden meines Gehirns erheben sich die Schlüsselträger meines untersten Bewusstseins und steigen hervor. Sie heißen gnadenlose Güte und brutale Gelassenheit, ewige Lust und radikaler Zweifel. Sie sind schön und hässlich zugleich und beängstigen durch ihren Mangel an Eindeutigkeit.

Vielleicht sind sie noch viel zweideutiger und beängstigender als ich mir eingestehen will. Vielleicht wechseln sie ständig die Gestalt und strömen in immer neuen Formen mit immer neuem Gefolge aus immer neuen Richtungen. Wahrscheinlich hungern sie nach wirklicher Existenz und Verkörperung auf materieller Ebene. Wahrscheinlich tun sie alles dafür, dass ich sie als reale Wesen ansehe, reden mich an, buhlen um meine Aufmerksamkeit, wollen mit allen Kräften wahrgenommen werden.

Und ich nehme sie wahr, aber als das, was sie sind: Wesen meines untersten Bewusstseins. Nur so lebendig, wie ich sie zum Leben erweckt habe.

So zeichnen sie sich auf dem Gesicht der Urmutter ab. Und je mehr sich abzeichnen, umso mehr wirkt ihr Gesicht verzerrt. Von Schmerz und Leiden erfüllt, erstarrt es zur Grimasse, zerfließt dann wie in Trauer und verhärtet sich im nächsten Moment in Hass, der dem Ausdruck größtmöglicher Verachtung weicht. Eine Kaskade aufwallender Gefühle, grotesk in jeder Form, radikal und ambivalent. So zeigt sie plötzlich Hochmut, Hass und gleichzeitig Heiterkeit, ein Antlitz des Schreckens, das mich erzittern lässt.

Vielleicht lächelt die Urmutter noch weit furchtbarer, als jetzt zu sagen ist. Vielleicht zeichnen die Wesen aus dem Keller meines Bewusstseins ihr Gesicht mit Runzeln und Narben. Ganz sicher wirkt sie unbeschreiblich widerlich.

Dies erschreckt mich mehr als alles zuvor, weil ich mich selbst in absoluter Klarheit gespiegelt sehe. Nichts, was dieses entstellte und verzerrte Gesicht mir noch mehr von mir zeigen könnte. Alles ist offensichtlich. Eine Landschaft der Negativität, der finstern Wünsche und finstersten Absichten. Aus der Tiefe der Erinnerungen sämtlicher Inkarnationen an die Oberfläche gespült. So brutal offensichtlich, dass es nicht zu übersehen ist. Der größte Horror individuellen Seins. Und die größte Chance, doch noch in die erlösende Leere einzugehen.

Die gütigen Geister des Absoluten erschienen mir aus der Leere, die grimmigen formierten sich in der Klarheit. Sie in voller Klarheit als Illusionen und Vorspiegelungen meines eigenen Bewusstseins zu erkennen, bringt mir augenblickliche Befreiung. Dann glättet sich das Antlitz der Urmutter, wird ganz weich und durchscheinend und versinkt als transparentes klares Licht im unendlichen, formlosen Sein und zieht mich als Bewusstseinsfunken mit.

Falls meine Befreiung auf sich warten lässt, bleibe ich eine Reisende im Labyrinth des Todes und erinnere mich an folgende wichtige Lehre: Angst ist keine große Hürde auf meinem weiteren Weg, denn Angst hält mich wach. Panik hingegen hält mich auf und bringt mich zu Fall, denn Panik macht mich bewusstlos und zieht mich wie in einem Strudel auf die unteren Ebenen individuellen Seins.

Gleichmütig erkenne ich daher sämtliche Phänomene, die ich nun sehen werde, als Trugbilder meines Unterbewusstseins. Es mögen Bilder aus den zerquetschenden, erdrückenden, zerstoßenden, durchbohrenden, verbrennenden, verkühlenden, zerfressenden, zerreißenden oder zerteilenden Höllen meiner Erinnerungen sein, aber gerade diese Bilder geben mir Kraft. Mit ungeteilter Aufmerksamkeit erkenne ich sie als automatische Projektionen meines Bewusstseins. Wie sämtliche zuvor gesehenen Wesen auch.

Warum sollte ich mich von den Phänomenen, die mir zu Bewusstsein kommen, erschrecken und überwältigen lassen? Ich bin doch bereits tot. Als reisende Seele im Labyrinth des Todes besitze ich keinen physischen Körper mehr. Der Körper, mit dem ich mich im Labyrinth des Todes bewege, besteht aus den feinen Fasern der Erinnerung und erlebnisgeprägten Mustern. Nichts kann ihm schaden, denn dieser Körper ist ungeboren, geschaffen aus Bewusstsein und Leere. Leere und Bewusstsein sind unverletzlich. Es besteht also kein Grund, sie irgendwie schützen zu wollen. Schon gar nicht als körperliche Illusion.

Indem ich dies erkenne, verflüchtigen sich jegliche Angst, jeglicher Horror und aller Zweifel. So beweglich und bewegend die Formen auch sein mögen, die ich sehe, sie sind doch Halluzinationen, die nur durch mei-

ne andauernde Verblendung die scheinbar reale Gestalt von Dämonen und Göttern des Todes annehmen.
Sowie ich meinen Widerstand ihnen gegenüber aufgebe, erblicke ich die große Wahrheit hinter jeder Illusion: das schimmernde Leuchten der Leere.
Darauf sollte ich all meine Aufmerksamkeit richten.
Falls es mir nur unvollständig gelingt, meine Verblendung aufzugeben und alle Wesen als Trugbilder zu erkennen, richte ich folgende Bitte an sie:

Wenn ich von Angst und Verwirrung getrieben
durch das Labyrinth des Todes irre,
wenn mich erschreckende Visionen
zu überwältigen drohen,
wenn mich Panik und Ohnmacht überkommen,
mögen die grimmigen Geister mir zu Hilfe eilen,
mögen sie mich aus meiner Umnachtung aufwecken,
mögen sie mir die Klarheit verleihen,
ihre wahre Natur zu erkennen,
mögen sie mir die Kraft geben, furchtlos
mit ihnen zu verschmelzen.
Wenn ich allein wandere, getrennt von
meinen Lieben und lieben Freunden,
wenn alles, was ich nun sehe, nur leere Bilder sind,
wenn meine Gedanken so leer werden
wie die Leere, die mich erhellt,
mögen die gütigen Geister mir zu Hilfe eilen,
mögen sie mich ins Licht leiten, wenn ich
mich in die Dunkelheit zu verirren drohe.

Wenn mir die fünf Lichter der
strahlenden Weisheit erscheinen,
möge ich mich mutig und furchtlos in ihnen erkennen.
Wenn meine Instinkte, Gewohnheiten und
Verhaltensmuster mich nach Zuflucht vor
Schrecken und Leid Ausschau halten lassen,
möge die Urmutter mir Zuversicht
und Einsicht schenken.
Wenn der Lärm der Illusion mir als
objektiver Donner erscheint,
möge ich meine Aufmerksamkeit auf die
glockenhelle Schwingung des Absoluten lenken,
damit sich die Pforten zu den Dimensionen
des Daseins doch noch vor mir schließen.
Es möge sich die Pforte zur Welt der Götter
schließen und mich die Weisheit der endgültigen
Wirklichkeit zur Befreiung führen.
Es möge sich die Pforte zur Welt der Titanen
schließen und mich die allesvollendende
Weisheit zur Befreiung führen.
Es möge sich die Pforte zur Menschenwelt
schließen und mich die ausgleichende
Weisheit zur Befreiung führen.
Es möge sich die Pforte zur Tierwelt schließen und
mich die fortschreitende Weisheit
zur Befreiung führen.
Es möge sich die Pforte zur Hungersphäre
schließen und mich die unterscheidende
Weisheit zur Befreiung führen.

Es möge sich die Pforte zur Höllensphäre schließen und
mich die spiegelgleiche Weisheit zur Befreiung führen.
Wenn negative Impulse mein Verhalten bestimmen,
wenn Reste von instinktivem
Verhalten mich leiden lassen,
möge mir die Glückseligkeit des Lichtes der
einen Quelle als Erfahrung zuteil werden.
Möge ich in Liebe und Hingabe meine
vollständige Befreiung erreichen.

Dieser Wunsch ist mein heiliger Ernst. Angst und Verwirrung können seine Verwirklichung kaum aufhalten. Zweifellos werde ich alle Schwierigkeiten und Hindernisse während meiner Reise durch das Labyrinth des Todes überwinden. Meine ernsthafte Absicht und mein guter Glaube sind meine wichtigsten Weggefährten dabei. Schon immer, also auch zu Lebzeiten, habe ich gewusst, dass die Welt der Materie mit ihren materiellen Gesetzen nur ein Teil der Wirklichkeit ist. Schon immer hatte ich die Ahnung, dass meine physische Wahrnehmung dieser Welt und auch meine Gedanken und Gefühle angesichts der materiellen Welt eigentlich irreal sind und nur eine Vorspiegelung von Realität. Schon immer glaubte ich, dass eine Realität hinter der Realität existiert. Eine Wahrheit hinter der Wahrheit. Eine Wahrheit in höherem Sinn.

Dies ist jetzt wirklich einleuchtend und erleuchtend für mich.

Die Phase des Erwachens und Werdens

XXII – Grundsätzliche Belehrungen zur Vorbereitung der Wiederverkörperung

Die Traumphase des Todes habe ich nun hinter mir gelassen und damit auch die Möglichkeit, dem Labyrinth des Todes zu entkommen, angeleitet durch die fünf Urweisheiten in ihrer gütigen und weniger gütigen Form. So konnte ich kaum in die grenzenlose Stille eintreten und habe auch keine endgültige Befreiung und Erleuchtung erlangt, denn es gelang mir nur unvollständig, meine einzig wahre Natur zu erkennen: nackte, reine, schwingende Leere in der Leere, Freiheit von Ich-Bezogenheit und begrenzendem Ego, Bewusstsein jenseits jeder Form, intelligentes Licht, klar und unendlich transparent und in höchstem und heiligstem Sinne präsent.
Daher bleibe ich eine reisende Seele im Labyrinth des Todes. Menschliche Gewohnheitsmuster begleiten mich immer noch, Erinnerungen an frühere Inkarnationen kleben weiterhin an mir. Ballast, der mich auf eine der sechs Ebenen der Wiedergeburt ziehen wird.
Die Traumphase des Todes habe ich zeitweise verschlafen, und wenn ich doch immer wieder aufgewacht bin, dann nur, um von großen Ängsten getrieben zu werden. Was ich sah, hörte und erlebte, erschien mir real. Schrecklich real und fürchterlich wirklich.
Ich habe mich bemüht, die Auslöser meiner Ängste als Illusionen anzusehen, doch zu konkret und beängsti-

gend waren die Erscheinungen, als dass ich sie als Trugbilder hätte enttarnen können, Vorspiegelungen aus der Tiefe meines Wesens, von mir selbst geschaffen, um mich aufzuwecken. Schließlich näherte sich das Ende der Traumphase des Todes und das noch einigermaßen leicht und schnell erreichbare Fenster der Befreiung hat sich wie im Traum geschlossen.

Die Wahrscheinlichkeit meiner Wiedergeburt wächst. Deshalb wird dieser Abschnitt der Reise die Vorbereitung des Werdens genannt. Die Angst einflößenden Trugbilder sind verblasst, der Alp ist zu Ende. Es gibt keinen Grund, weiterzuschlafen. Ich erwache nun zu voller Konzentration.

Als Reisende im Labyrinth des Todes existiere ich nun in einem mentalen Körper, der meinem physischen in meinem vergangenen Leben gleicht, denn ich habe ihn unbewusst aus meinen Erinnerungen an ihn erschaffen. Von den Instinkten und Erfahrungen meines letzten Lebens bestimmt, fühle ich meinen Körper, als wäre er noch aus Fleisch und Blut.

Gleichzeitig erkenne ich in ihm schon die Vorahnung der kommenden Verkörperung, denn Vergangenheit, Gegenwart und Zukunft sind eins in der Vorbereitung des Werdens. Mit siebenmal schärferen Sinnen ausgestattet als zu Lebzeiten, könnte ich mich nun in allen vergangenen Inkarnationen auf einmal sehen, ebenso auch in allen zukünftigen zur selben Zeit, würde also auch meine kommende Erleuchtung sehen und wäre augenblicklich befreit.

Wie gern ließe ich mich von dieser Vorstellung leiten, wenn ich dazu imstande wäre. Aber noch erlebe ich mich als Reisende im Labyrinth des Todes. Ängste und Wahnvorstellungen aus meinem letzten Leben haben mich hierhergeführt und verstellen mir den Blick auf die unendlichen Weiten meines Seins.

So bleibe ich selbst jetzt, trotz größtmöglicher Hellsichtigkeit, gefangen in einem dichten Netz aus Irrtum und Vision, gewoben in meiner vergangenen Inkarnation.

Im Vergleich zu meinem früheren Leben scheine ich zu leuchten, wenn nicht zu strahlen wie ein mystischer Held oder eine mystische Heldin mit magischen Fähigkeiten. Ein Zeichen, dass ich meinen Körper in der Traumphase des Todes durch die Kraft meiner Imagination veredelt habe. Das wird mir helfen auf meinem weiteren Weg. Sinnlos, mich gegen mein Dasein zu sträuben, die Chance der baldigen Erlösung aus dem mühevollen Rad des Lebens habe ich womöglich vertan.

Wahrscheinlich wächst nun mein Hunger nach förmlicher Existenz. Wahrnehmbar als Appetit auf Verfestigung, spürbar als Neugier auf den Prozess des Schlüpfens in ein weiteres körperliches Leben und die erneuten Erfahrungen, die es mir bieten mag. Falls die Wiedergeburt in die Daseinsebenen ich-bezogener Existenz unvermeidlich wird, dann wäre ein gutes Leben in angenehmer Umgebung und unter günstigen Umständen wünschenswert.

Die Wahl der Wiedergeburt ist eine Kunst, die gelernt sein will. Dies sind die grundsätzlichen Belehrungen dafür, und es wird wichtig sein, sie vollständig in Erinnerung zu behalten:

Auf diesem Abschnitt meiner Reise nähere ich mich einer der sechs Ebenen ich-bezogenen Daseins. Ob es die Ebene der Götter, der Titanen, der Menschen, der Tiere, der Hungergeister oder der Höllenwesen sein wird, liegt jenseits meiner bewussten Absichten.

Abhängig vom Grad meiner geistigen Reife werde ich mich auf einer der sechs Ebenen wiederfinden und dort Wesen erblicken, die meinem augenblicklichen persönlichen Potenzial entsprechen.

Wenn ich mich meiner Wiederverkörperung nähere, werde ich Paare in Vereinigung sehen. Je aggressiver und triebhafter sie auf mich wirken, je egoistischer und extremer sie ihre Lust gestalten, umso ungünstiger wird es für mich sein, sie als Eltern zu wählen. Ein Paar hingegen, das in bewusster Liebe vereint ist, in bewusster Sinnlichkeit beieinander und in meditativer Hingabe verschmolzen, wird sich als gute Wahl erweisen.

Je klarer, bewusster und erfahrener ich selbst bin, umso glücklicher kann ich wählen.

Eine glückliche Wahl ist wünschenswert, denn sie verbessert meine Position im Rad des Lebens.

Eine unglückliche Wahl, auch wenn sie mir zunächst anziehend erscheint, gilt es zu vermeiden. Die Stärke der Anziehung schöpft sich aus der Macht, die triebhafte Erinnerungen und Verhaltensmuster aus meinem letzten Leben noch auf mich ausüben. Dies muss ich jetzt erkennen. Nur mit dieser Erkenntnis bin ich imstande, eine geeignete Wahl zu treffen.

Meine siebenmal feinere Wahrnehmung hilft mir dabei. Ich kann sehen, hören und fühlen, was ein Paar während der Vereinigung sieht, hört und fühlt. In diesem Stadium der Reise gibt es für mich kein Geheimnis des Daseins mehr. Ich habe vollständigen hellhörigen, hellfühligen und hellsichtigen Durchblick.

Um die Schärfe meiner Wahrnehmung optimal zu erleben, werde ich mich in Meditation begeben. Dies gelingt nun leichter als zu Lebzeiten. Wann immer ich Gedankenstille beabsichtige, werde ich in vollkommener Ruhe sein.

Nur in Ruhe kann ich eine gute Wahl treffen.

Ich bin ruhig.

Diese Ruhe brauche ich, um mir die beiden wichtigsten Hinweise für meine weitere Reise einzuprägen:

Erstens: Ich wähle eine günstige Wiedergeburt, indem ich mich von einer geeigneten Gebärmutter anziehen lasse. Dafür muss ich nichts tun. Nur ruhig bleiben.

Zweitens: Ich vermeide eine ungünstige Wiedergeburt, indem ich einen für mich ungeeigneten Mutterschoß verschließe – auch wenn er mir attraktiv erscheint. Dies ist schwierig. Wie ein unpassender Mutterschoß von mir verschlossen werden kann, wird mir zu gegebener Zeit in Erinnerung gerufen.

Im jetzigen Stadium meiner Reise verfüge ich zwar über großen Scharfblick, bin aber dennoch nicht gefeit vor Konfusion. So kann es passieren, dass ich Gebärmütter mit anderen Objekten verwechsle und Erscheinungen als Mutterschoß ansehe, obgleich sie gar keiner sind. Ferner blicke ich in mehrere Daseinsdimensionen gleichzeitig und verwechsle möglicherweise Gebärmütter in einer höheren Dimension mit solchen in einer niedrigeren.

Als Reisende in der Übergangsphase des Werdens werde ich mit verwirrenden Erscheinungen konfrontiert.

Meditation gibt mir Ruhe und Klarheit.

Ruhe und Klarheit entscheiden über den Erfolg meiner Reise.

Ich bin die Ruhe selbst. Jetzt.

XXIII – Meine magischen Fähigkeiten

Mein jetziger Körper ist unsterblich und daher auch unverletzlich. Und doch vermag ich Schmerz zu empfinden. Wahrscheinlich kann ich in der Phase der Vorbereitung des Werdens sogar mehr Schmerz empfinden als zu Lebzeiten, während der Stadien des Sterbens, im Todesmoment und in der Traumphase des Todes. Meine verfeinerte Wahrnehmung in der Vorbereitung des Werdens steigert auch mein Schmerzempfinden, doch Schmerz und Pein werden Phantomschmerzen sein, denn ich habe keinen physischen Körper mehr, sondern nur eine perfekte körperliche Erinnerung an ihn. Daran sollte ich mich jederzeit erinnern, damit ich zu keiner Zeit in Panik gerate.

Falls die Funktionen meines physischen Körpers am Ende meines Lebens eingeschränkt waren, ich womöglich nicht mehr so gut sehen, hören, riechen, schmecken, tasten konnte wie in meiner Jugend, und auch die körperliche Bewegungsfreiheit nachgelassen hatte, so spüre ich jetzt keinerlei Einschränkung mehr. Im Gegenteil: Mit siebenmal verfeinerter Wahrnehmung bin ich in Bestform und verfüge zusätzlich über magische Fähigkeiten: Wohin ich mich auch bewegen will, im Moment des Gedankens befinde ich mich schon dort.

Ich kann durch Mauern und Berge gehen, durch die Luft spazieren oder fliegen, Häuser durch die Wände oder das Dach betreten und mich in Wesen, die mir begegnen, hineinfühlen wie nie zuvor. Größte Distanzen überwinde ich gedankenschnell. Allein durch meine Gedanken kann ich fremde Planeten besuchen und durch ferne Länder und Städte der Welt wandern. Kontinente umrunde ich durch bloße Absicht, denn in der Vorbereitung des Werdens verfüge ich über magische Kräfte.

Was mir gerade einfällt, kann ich manifestieren. Spielerisch könnte ich mich dazu verleiten lassen, auf abenteuerliche Reisen und kühne Visionssuchen zu gehen, exotische Sachen zu erschaffen oder verrückte Dinge zu tun. Aus Freude am Zeitvertreib, aus Neugier und Spaß.

Doch es gibt gute Gründe, meine jetzigen Fähigkeiten nur einzusetzen, wenn ich sie zu meinem Nutzen auch wirklich brauche. Ich bin eine Reisende in der Vorbereitung des Werdens. Mein Ziel heißt Erleuchtung und Erlösung aus dem Rad des Lebens. Sollte dieses Ziel für mich noch unerreichbar sein, konzentriere ich mich auf die Wahl einer möglichst günstigen Wiedergeburt. Durch keinen noch so unterhaltsamen Zeitvertreib sollte ich mich davon ablenken lassen.

Trotz meiner magischen Möglichkeiten erreiche ich weder das eine noch das andere Ziel voreilig, unkonzentriert oder in Hast. Eben erst bin ich in die Vorbereitung des Werdens eingetreten. Zu Anfang kann ich überallhin gelangen, nur der Eintritt in einen Mutterschoß ist mir noch verwehrt – wie im Moment auch der Aufstieg zum Thron des absoluten, form- und zeitlosen Seins.

Also ruhe ich in mir selbst – und übe mich in Geduld.

XXIV – Das Gesetz von der Anziehung der Negativität

Ich wandere durch endlose Endlosigkeit. Eine reisende Seele im Labyrinth des Todes, Traum und Träumer zugleich. In der Vorbereitung des Werdens sind alle meine Sinne intakt. Und ich habe nun das Wissen und die Macht, den Traum zu beenden oder jedenfalls zum Besseren zu wenden. Wenn mein jetziges Bewusstsein göttliche Reife hat, werde ich als göttliches Ich in der Sphäre der Götter wiedergeboren werden. Wenn mein Potenzial ein anderes ist, werde ich einer Wiederverkörperung auf einer der übrigen fünf Ebenen entgegengehen. Womöglich bin ich geneigt, mich zu fragen: Womit habe ich das verdient? Und als Antwort einen Ausweg suchen. Keine Frage, das reißt mich nur tiefer in Bereiche, die mir nicht angenehm sind.

Denn das ist Gesetz im Labyrinth des Todes und auch im Irrgarten des Lebens, und es ist hilfreich, dieses Gesetz keinen Augenblick zu vergessen: Was ich vermeiden will, kommt gewiss auf mich zu. Je heftiger ich etwas ablehne, umso sicherer wird es mir zuteil. Meine Abneigung zieht die Negativität noch an, lässt sie an mir kleben, Ballast, der mich dorthin zieht, wo ich am wenigsten sein will.

In der Vorbereitung des Werdens erblicke ich Wesen, die gleicher Art sind wie ich, Wesen aus einer der sechs Sphären ich-bezogenen Seins. Und sie werden mich sehen.

Sehen und Gesehenwerden kann wunderschön sein – und entsetzlich erschreckend. Nur das nicht!, werde ich womöglich schreien und die Flucht ergreifen.

Keine gute Wendung, denn ohne Umweg nähere ich mich umso mehr, was oder wem ich entkommen will. Visionen, die mich so sehr in Panik versetzen könnten, dass ich mich in immer niedrigere und finstere Bereiche verirre und eine Wiederverkörperung in einer der unteren Daseinsebenen unvermeidbar wird.

Nur mein Wissen, dass alles, was ich sehe und höre, aus dem Zauberkasten meines Bewusstseins kommt, also in Wahrheit Illusion ist, auch wenn es mir vollkommen real erscheint, kann mir die nötige Ruhe geben.

Aus der Ruhe erwächst Konzentration. Meditative Ausrichtung auf die Leere in der Leere wird mich davor bewahren, tief zu sinken.
Sollte ich mich dennoch von Verwirrung irreführen lassen, sollten mich meine magischen Fähigkeiten zu unklaren Vergnügungen verleiten oder sollte ich in diesem Stadium der Reise von Sinnesreizen überflutet in Apathie fallen und voller Lethargie das Ende der Reise herbeiwünschen – sollte ich also wider Erwarten in diesem Stadium Schwierigkeiten haben, so visualisiere ich meinen kosmischen Geliebten in meinem Kopf.
Ich konzentriere mich darauf, meinen kosmischen Geliebten möglichst genau in meinem Kopf zu sehen. Sobald ich ihn sehe, begebe ich mich in eine demütige Haltung und äußere folgende Bitte:

Wenn Angst, Verwirrung und Negativität
mich in die Irre führen,
mögest Du mich leiten und schützen.
Wenn mich Finsternis und Unwissenheit umgeben,
möge ich in Dir das Licht der Weisheit erblicken.
Wenn mich die Macht meiner Illusionen auf eine der
sechs Ebenen der Wiedergeburt zu ziehen droht,
möge ich in Deinem Licht der Weisheit
doch noch Erleuchtung erlangen.

XXV – Guter Rat und die Tränen der anderen

Mein kosmischer Geliebter ist bei mir. Er wird mich fragen, was ich beabsichtige, und mich bei all meinen Vorhaben unterstützen. Aber was ich besser tun und lieber lassen sollte, dazu schweigt er, denn das herauszufinden, ist allein meine Aufgabe.

Vielleicht empfinde ich diese Aufgabe als zu groß für mich und sehe mich zusammenbrechen unter der Menge meiner Möglichkeiten. Vielleicht werde ich mir lieben Rat sehnlich wünschen, wenn negative Tendenzen mich negativen Gefühlen, negativen Gedanken und negativem Verhalten in die Arme treiben. Umso sicherer wird es mir guttun, mich daran zu erinnern, dass ich meinen kosmischen Geliebten zwar nicht um Rat fragen, dafür aber um alles bitten kann. Der Wunsch nach endgültiger Erleuchtung und Befreiung aus dem Rad der Wiedergeburt ist die beste Bitte, die ich äußern kann. Gefolgt von der zweitbesten: Wenn endgültige Erleuchtung und Befreiung mir zu diesem Zeitpunkt unmöglich sind, dann möge der kosmische Geliebte eine gute Wiedergeburt begünstigen. Eine Geburt in ein weiteres Leben mit guten Lehrern und guten Möglichkeiten und der Chance einer Erleuchtung zu Lebzeiten.

Als Wanderin im Labyrinth des Todes erinnere ich mich in diesem Augenblick meiner Reise an all die guten Lehren, die ich in meinem vergangenen Leben erhalten habe. Ich erinnere mich an all die Liebe, die ich gegeben und empfangen habe. Und ich erinnere mich an all die

Momente der Meditation, in denen ich meinem wahren Wesen nähergekommen bin.

Meine guten Erinnerungen werden begleitet von Visionen und Erinnerungen aus meinem vergangenen Leben, aber auch früheren Inkarnationen. Ich könnte meine Vergangenheit nachträglich verschönern wollen. Ich könnte eigene Handlungen und deren Konsequenzen in meinem vergangenen Leben ungeschehen machen wollen. Zum Nachteil meiner jetzigen Situation. Jeder Versuch, die Vergangenheit zu verändern, stärkt die Macht der Illusion und schwächt meinen Blick auf die objektive Realität: das klare Licht der höchsten Erkenntnis. Je mehr ich an meiner Vergangenheit klebe, umso schneller können mich die Trugbilder der Vergangenheit in die Sackgasse eines ungünstigen nächsten Lebens ziehen.

Zu diesem Abschnitt meiner Reise gehört, dass mir wie in einem Traum Verwandte und Freunde an vertrauten Orten begegnen. Ich werde sie ansprechen wollen. Das wird wahrscheinlich vergeblich sein. Ich werde sie weinen und trauern sehen, aber ihre Tränen werden andere trocknen. Ihre Trauer wird mich quälen, ihre Tränen schmerzen mich. Nun bin ich tot und kann nichts mehr für sie tun, wird mein Gedanke sein. Ihr Schmerz ist meine Qual. Tröstend will ich bei ihnen sein und rufe ihnen womöglich zu: Hört doch auf, hier bin ich, alles ist gut! Doch sie überhören mich.

Wahrscheinlich werde ich mich nun schuldig fühlen und meinen Tod verwünschen, traurig über verursach-

tes Leid, traurig über den Verlust meines Lebens und die Möglichkeit, Leid zu lindern.
Hadern verschlimmert nur meine Lage.
Umso ratsamer ist es, nun alle Gedanken und Vorstellungen von Schuld loszulassen. Ich habe mich gewandelt. Ich bin ganz anders, als ich einmal war oder zu sein glaubte. Sinnlos, alten Vorstellungen von mir selbst noch länger nachzuhängen. Sie sind Ballast auf meinem weiteren Weg.

XXVI – Im Wind der Evolution

Nun ergreift mich der Wind der Evolution und weht mich auf den Pfad zur Wiedergeburt. Was ist das für ein Zerren, Drängen und Ziehen?, frage ich mich, und dies ist meine Antwort: Es ist der Wind meiner eigenen Verhaltenstendenzen, meiner tiefen Wünsche und Passionen, geboren aus meiner Sympathie und meinen Widerständen gegenüber allem Dasein, insbesondere meiner eigenen Existenz.
Schon steigert sich der Wind zum Sturm, wirbelt mich herum, bläst mich fort. Nur wohin? Es ist weder Tag noch Nacht. Der Himmel leuchtet in undurchdringlichem Grau. Der Wind der Evolution treibt mich vor sich her. Ich fühle mich wie gejagt. Wahrscheinlich hängt eine Meute an meinen Fersen. Vielleicht werde ich durch Gewitter und Wirbelsturm gejagt, höre das Poltern einstürzender Berge, sehe Lawinen auf mich zurol-

len. Überschwemmungen drohen mich zu ertränken, Brände kreisen mich ein, Maschinen wollen mich niederwalzen. Ich fliehe bis an den Rand eines Abgrunds: rot, schwarz, bodenlos.

Ich bin eine Reisende im Labyrinth des Todes in der Vorbereitung des Werdens, und Abgründe gibt es hier nicht. Nur Trugbilder von Abgründen. Der Rand, an dem ich stehe, zeigt mir, wie bodenlos und abgründig meine Vorstellungen immer noch sind, geformt aus Hass, Gier und Verblendung.

Heilsam ist es, zur Ruhe zu kommen und den Abgrund als Illusion zu erkennen.

In meiner Not äußere ich folgende Bitte:

> Kosmischer Geliebter, komm mir zu Hilfe,
> wenn mich Angst und Panik bedrohen,
> wenn ich in Ohnmacht sinken will.
> Möge ich auf dieser Reise immer
> die richtigen Schritte tun,
> möge ich mit Deiner Hilfe Gleichmut erlangen,
> möge ich erkennen, wer ich wirklich bin.

XXVII – Die Fallen der falschen Gebärmütter

Der Sturmwind der Evolution legt sich. Der Himmel klärt sich, und ich erblicke Paläste, Parks und liebliche Landschaften voller Charme und Weite. Ein Reigen der Genüsse wird mir zuteil. Ich bin im Paradies!, werde ich womöglich freudig ausrufen, geblendet von so viel Opulenz. Meiner geistigen Reife gemäß werde ich die Freuden nach Herzenslust genießen und auskosten können. Habe ich zu Lebzeiten große Hemmungen gehabt, vermögen sie mich auch jetzt noch zu bremsen, und ich könnte den paradiesischen Bereich des Labyrinths des Todes gleichgültig und im Geiste stumpf erleben.

Was auch immer geschieht, ich genieße ohne Begierde und Sucht nach mehr. Ich bin eine Reisende auf dem Weg zur Wiedergeburt. Woran ich mich klammere, wird mich beschweren und meine Möglichkeiten einengen. Mein kosmischer Geliebter, der nun zunehmend mein Reiseführer wird, möge mich vor falschem Begehren bewahren.

Erleichtert, möglichst nur von Gleichmut, Klarheit und innerer Ruhe erfüllt, gehe ich meinen Weg. Es ist ein guter Weg. Gesäumt von Kirchen, Kathedralen, Palästen, Tempeln, gewaltigen Brücken, großen und kleinen Häusern, freundlichen Hütten, einladenden Höhlen, idyllischen Unterständen unter Bäumen. Ideale Zufluchtsorte für eine Reisende, die weit gekommen ist und langsam müde wird und deshalb Schutz sucht, um sich ein wenig auszuruhen vor den weiteren Etappen der Reise. Wahrscheinlich spüre ich den Wunsch, mich hier irgendwo zu verkriechen und niederzulassen. Auch dieses Verlangen gilt es zu überwinden.

Mein mentaler magischer Körper ist kein physischer, der sich in Räumen ausruhen kann. Er kann nur in bewusstem Gewahrsein ruhen. Und er kann Zuflucht finden im mütterlichen Gewahrsein einer Gebärmutter. Gebäude sind keine Gebärmütter, sie können mir keine Zuflucht bieten. Auch wenn sie diesen zum Verwechseln ähnlich sehen und genauso attraktiv erscheinen, in diesem Stadium meiner Reise erweisen sie sich als Fallen.

Sollte ich in einer dieser Fallen stecken,
aber bezweifeln, dass es eine ist,
sollte ich von einer Sackgasse in die nächste irren,
weil ich übersehe, dass all dies Irrwege sind,
die mich auf meiner Reise aufhalten,
sollte ich in meinem Irrtum gefangen sein,
dann möge der kosmische Geliebte mir helfen,
möge ich mit seiner Hilfe meinen Irrtum erkennen,
möge ich mich an alle früheren
Unterweisungen erinnern,
möge ich zur Ruhe kommen und doch
noch begreifen, wer ich wirklich bin.

XXVIII – In der Flut der Gedanken

Gedanken kommen und gehen, gefolgt von weiteren Gedanken. Ich bin im Fluss meiner Gedanken. Und ich fühle den Gedankenstrom reißend werden, mitreißend, denn ich finde nichts, woran ich mich festhalten kann. Nichts, was als letzte Rettung aus dem Strom ragt, bevor der Wasserfall kommt. Ein Wasserfall aus Ideen und Vorstellungen, geistigen Wahrnehmungen und inneren Kommentaren. Ich bin im Wasserfall meines eigenen Denkens. Ich habe die Kontrolle verloren. Ich muss die Kontrolle verloren haben, denn ich treibe im Strom meiner Gedanken, begleitet womöglich von der Angst, dass ich untergehen kann.

Doch die Möglichkeit des Untergangs gehört der Vergangenheit an, denn ich bin schon tot, und mir wird schmerzlich bewusst, dass ich keinen physischen Körper mehr habe, nichts, was mir noch Halt gibt in dieser bewegenden Lage. Ich ströme in alle Richtungen zugleich, denn meine physische Mitte hat sich aufgelöst. Losgelöst fließen meine Gedanken. Ich frage mich, was sie noch zusammenhält. Alles erscheint mir aus dem Zusammenhang gerissen.

Nur so viel ist klar: Ich bin müde, ich habe keine Lust mehr, ohne Ende zu wandern. Ich will endlich irgendwo ankommen. Ich fühle mich wahrscheinlich von Unsicherheiten gejagt. Am liebsten möchte ich mich verstecken.

Um eine möglichst gute Wiedergeburt zu wählen, wandere ich hier noch herum. Wo? Nirgendwo. Und überall. Und nirgends. Aber da ist doch was. Das bin ich. Immer in Bewegung. Haltlos. Auf der Suche nach einer sicheren Unterkunft.

Wo ist eigentlich mein Körper?, könnte ich mich fragen. Keine gute Frage. So tot, wie ich bin, brauche ich einen neuen Körper. Halt! Eine voreilige Wiedergeburt könnte ungünstig sein. Also Ruhe bewahren. Auf die Ruhe kommt es an.

Angst und Panik hemmen den Fluss günstiger Ereignisse. Umso wichtiger ist es, im Fluss zu bleiben, sonst werde ich womöglich ans Ufer einer unguten Inkarnation gespült.

Also weiter strampeln im Fluss der Gedanken. Wenn ich noch keinen neuen Körper haben kann, will ich vielleicht meinen alten zurück. Ein Wunsch, der mich direkt zu ihm führt. Sieht unappetitlich aus. Leichenblass, wenn überhaupt, wahrscheinlich schon tiefgekühlt oder in Verwesung übergegangen, womöglich längst verbrannt, Asche in einer Urne oder in alle Winde verweht.

Unmöglich, in ihn zurückzukehren. Töricht, es trotzdem zu wollen. Will ich das? Vielleicht ein wenig. Der Anblick tut weh. So weh, dass ich meinen Blick möglicherweise kaum abwenden kann. Sollte ich von Schmerzen gebannt auf meine eigene Leiche schauen, äußere ich folgende Bitte:

> Kosmischer Geliebter, bitte komm mir zu Hilfe,
> wenn mich Schmerz gefangen hält,
> möge mich Deine Gegenwart von
> aller Verwirrung befreien,
> möge ich mein geistiges Sein als mein
> eigentliches Dasein erkennen,
> möge ich im Fluss meines Bewusstseins
> doch noch Befreiung erlangen.

XXIX – Der Herr des Todes erscheint

So sehr ich mich auch verfolgt fühlen mag – von Feinden, feindlichen Visionen, bedrohlichen Schmerzen, gewaltigen Ängsten und monströser Panik –, ich bin kein Opfer, nichts und niemand hängt mir an den Fersen. Nur ich selbst. Ich bin es, der mich so hartnäckig verfolgt. Ich fühle mich förmlich gejagt, denn das Phantom der Form ist hinter mir her. Die Illusion von Zeit und Raum könnte mich der Paranoia in die Arme treiben, wenn sich um mich herum meine eigenen Schatten wie fremde Gestalten erheben. Immer wieder bemühe ich mich, jeden Gedanken an Verkörperung als Trugbild verblassen zu lassen. Doch meine Sehnsucht danach ist groß. Wahrscheinlich klammere ich mich an die Hoffnung auf ein weiteres physisches Sein.

Nun, wo meine Wiedergeburt immer unausweichlicher wird, nähert sich erneut der kosmische Geliebte. Weich und schön, wie zuvor, aber auch mit einem ernsten Zug. Er zeigt mir das Panorama meiner vergangenen Inkarnation. Ich erblicke die Gefährten und Gefährtinnen meines vergangenen Lebens. Ehepartner, Familie, Freunde, weniger gute Freunde, angebliche Feinde. Ich erblicke mich mit ihnen. Sehe mich handeln, sprechen, laut und leise denken und Empfindungen haben.

Ich bin ich und gleichzeitig die anderen. Ich fühle, was mein Gegenüber denkt, fühle, was er oder sie fühlt, und nehme im gleichen Moment meine eigenen Gedanken und Empfindungen wahr. Ich spüre, was meine Taten in meinen Mitmenschen bewirken. Ich verstehe, wie meine Handlungen mich prägen, spüre Freude, Glück, Hingabe, Liebe, aber auch Verzweiflung, Neid, Wut und Hass – ihre Liebe, ihre Trauer, ihre Wut, meine Freude, meinen Hass. Eine Kaskade wechselnder Gefühle, ausgelöst durch Gedanken, Worte, Gefühle, Taten. Sie münden in das Grundgefühl meines vergangenen Lebens. Und ich erkenne, was ich mit meinem Grundgefühl bei meinen Mitmenschen und allen weiteren mich umgebenden Lebewesen hauptsächlich ausgelöst habe. Und wenn ich Leichen im Keller meines Bewusstseins habe, so erblicke ich sie jetzt. Es sind die Menschen, die ich mit Gefühlen, Gedanken, Worten, Taten oder allem auf einmal getötet habe.

Ich könnte protestieren, zittern und mich winden. Der kosmische Geliebte konzentriert noch die Schau. Wie ich auch wehklage und ihn bitte, mir den Anblick zu ersparen – das Panorama meines Lebens muss mir gezeigt werden. So ist es Gesetz im Labyrinth des Todes. Und auch mein kosmischer Geliebter muss sich ans Gesetz halten.

Nun bekommt sein Anblick eine weitere Dimension. Strenge schiebt sich vor Milde. Sein Antlitz erhält einen harten Zug. Im gleichen Augenblick erkenne ich, dass er auch der Herr des Todes ist. Dies ist der Auftritt meiner größten Angst. Wenn ich der Meinung bin, dass ich für meine negativen Taten eine Strafe verdiene, dann naht sie schon. Was ich auch erwarte, ich bekomme es nun.

Ich erhalte die Strafe, die ich zu verdienen glaube. Wieder und immer wieder. So lange, bis ich begreife, dass jegliche Strafe eine Illusion ist, die sich aus meiner Erwartung nährt.

Denn Sterben kann ich nicht mehr. Mein instinktgeschaffener Mentalkörper ist in physischem Sinne ohne Eigenschaften und physisch daher unverletzbar. Leere kann Leere keine Wunden zufügen. Jede Strafe braucht eine Form. Wenn ich dies nun in aller Deutlichkeit erkenne, habe ich die Chance, doch noch von aller Täuschung befreit zu werden und Erleuchtung zu erlangen. Eine schwindende Chance. Denn meine Sehnsucht nach Wiedergeburt wächst mit der Intensität des Dramas aus Schuld und Sühne, in dem ich gefangen bin.

XXX – Der Moment der Entscheidung

Als reisende Seele im Labyrinth des Todes bin ich wie ein Träumer in einem Traum. Erweist sich der Traum als beängstigend, sollte ich mir bewusst machen, dass ich ein Träumer bin. Denn nur mit diesem Bewusstsein kann ich aktiv werden und den Traum in eine angenehmere Richtung lenken. Solange ich träume, mir jedoch dessen unbewusst, dass ich ein Träumer bin, bleibe ich im Traum gefangen und kann wenig zur Verbesserung meiner Lage tun.

Ich habe mich für negative Taten selbst bestraft, und nun fühle ich mich miserabel, leer, ausgelaugt, ein Nichts, weniger als nichts womöglich, niemand, unwürdig für jede Form des Seins, zerschmettert und zersprungen in tausend Teile.

Dies ist der Moment der Entscheidung. Noch ist mein Bewusstsein so transparent und formbar, dass es jede Gestalt annehmen kann, auch die Gestaltlosigkeit. Noch kann ich vollkommene Erleuchtung und Befreiung erlangen. Noch kann ich in das Meer ungeformten Seins eintauchen und die Illusion eines Ichs für immer ablegen. Ein Träumer, der sich im Bewusstsein, ein Träumer zu sein, aus seinem Traum erhebt und in die Wirklichkeit aufsteigt.

Oder ich kann den Weg der Entfremdung von meinem wahren Wesen wählen. Dann werde ich in einen der sechs Bereiche des Daseins sinken, in ein Reich mit begrenzter Freiheit und mehr oder weniger eingeschränkten Möglichkeiten, der Unfreiheit zu einem späteren Zeitpunkt zu entkommen.

Ich fühle meine Leere, meine Zerrissenheit und die Abwesenheit von jeglicher Form in diesem Augenblick mehr als je zuvor. Die entscheidende Frage ist, ob das Gefühl meiner Leere angenehm auf mich wirkt oder unangenehm. Positiv oder negativ. Die Antwort weist den Weg: Erleuchtung oder weiter im Lebensrad.

XXXI – Der Weg der Besitzlosigkeit

Wenn ich in himmlische Bereiche wiedergeboren werden soll, werde ich dank meiner verfeinerten Wahrnehmung erkennen, wie meine früheren Freunde, Verwandten und engsten Familienangehörigen in diesem Moment zu mir stehen. Falls sie Sterberituale abhalten, angeleitet von obskuren Lehrern obskurer Religionen oder nach eigenem unwissendem Ermessen, so sehe ich gleichmütig darüber hinweg. Im Labyrinth ihres Lebens gefangen, handeln sie wahrscheinlich mit guten Absichten, doch mit mir hat das nichts mehr zu tun. Ich bin eine Reisende im Labyrinth des Todes. Hefte ich meine Aufmerksamkeit an die Taten der Lebenden, könnte mich das verwirren und in die untersten Bereiche des Daseins ziehen.

Ich schulde niemandem irgendetwas und erwarte auch nichts von irgendwem. Meinen Besitz aus dem vergangenen Leben habe ich hinter mir gelassen. Umso törichter wäre es, ihn in einem künftigen Leben erneut in Besitz nehmen zu wollen, denn dies würde mich auf die Daseinsebene der Gier und des Hungers leiten.

Leserinnen oder Lesern dieses Reiseführers durchs Labyrinth des Todes zolle ich Respekt, zu Dank werde ich wahrscheinlich keine Gelegenheit mehr haben. Das ist gut so. Auch Dank würde mich auf meinem weiteren Weg nur belasten. Alle Unterweisungen und Lehren bleiben wertvolle Hilfen für mich, und wenn ich mich jetzt an sie erinnere, kann ich auf einer höheren Daseinsebene wiedergeboren werden – selbst wenn ich womöglich schon auf dem Weg in eine der unteren Daseinsebenen war.

XXXII – Auftritt der trügerischen Erscheinungen

Nun, wo ich allein wandere, getrennt von meinen Lieben, getrennt von meinem Besitz, getrennt von meinem physischen Körper, wird die Erinnerung an mein vergangenes Dasein allmählich verblassen. Ich könnte mich verloren fühlen, einsam, verlassen, leer, entleert und auf verschwommene Weise traurig dabei. Ich könnte mich leiden sehen und würde dann wahrscheinlich denken: Nun ist alles dahin, nur meine Trauer ist mir geblieben. Um mein Leiden zu beenden, könnte ich nun den ersten Körper, der mir begegnet, als Wiederverkörperung wählen.

Wahrscheinlich werde ich auf alle Erscheinungen zugehen, in der Hoffnung, sie könnten mein kommender Körper sein. Diese Hoffnung ist trügerisch wie die Erscheinungen. Auf dem ersten Abschnitt meiner Reise zeigten sich alle Visionen als das, was sie waren, Strahlen der Weisheit oder trübe Lichter der Daseinsreiche, und ich konnte direkt auf sie reagieren. Auf dem zweiten Abschnitt der Reise konnte ich ebenfalls unmittelbar reagieren. Nur waren die Visionen grimmig und finster. Im dritten Abschnitt der Reise gilt es, sämtlichen Erscheinungen zu misstrauen, denn ihre Bestimmung

ist es, mich zu verwirren und abzulenken. Sie zeigen sich ganz anders, als sie in Wahrheit sind, und wurden mit Geheimnissen geschaffen, die sie hinter irreführenden Fassaden verstecken.
Sinnlos, ihr Geheimnis ergründen zu wollen. Verblendet, sie zu nehmen, wie sie scheinen. In diesem Bewusstsein erkenne ich in ihnen Manifestationen der großen Leere. Im jetzigen Stadium meiner Reise wird es mir wahrscheinlich unmöglich sein, in der Verschmelzung mit einer der Erscheinungen Erleuchtung und Befreiung zu erlangen. Daher lasse ich alle wesenhaften Manifestationen an mir vorüberziehen. Dies ist der beste Rat, den ich mir nun geben kann.

XXXIII – Die Lichter der sechs Dimensionen des Daseins

Während die Wahrnehmung meiner selbst zunehmend vage wird, dämmern mir die Lichter der sechs Daseinsbereiche. Milchig weiß das Licht der göttlichen Dimensionen, rot das Licht der Titanensphäre, blau das Licht der Menschenwelt, grün das Licht des tierischen Daseins, gelb das Licht der Hungerwelt, grau das Licht der höllischen Bereiche.
Gleichzeitig fühle ich die Vorahnung eines künftigen Körpers. Nebulös noch, kaum greifbar, ein Gedanke eher als ein Gefühl, und doch bereits von neuer, ungewohnter Qualität. Sie zeigt sich hauptsächlich als Farbe,

von der ich nun umhüllt bin. Die Farbe einer der sechs Daseinsbereiche, in die ich als Folge meiner im letzten Leben angesammelten Gewohnheiten und Eigenschaften hineingeboren werden soll.
Diese ist vielleicht die letzte Chance:

> Wenn ich meine Angst und den Impuls, in
> ein neues Dasein zu flüchten, überwinde,
> wenn ich erkenne, dass dieses Licht zwar wie
> eine Einladung in ein neues Dasein wirkt,
> jedoch in Wahrheit eine Kreation
> meines eigenen Bewusstseins ist,
> wenn es mir gelingt, in dem Licht meinen
> kosmischen Geliebten zu visualisieren,
> wenn es mir gelingt, in ihm nur die
> Bedeutung zu sehen, die ich ihm gebe,
> wenn ich ruhig bleibe und den Geliebten
> in transparentes weißes Licht auflöse,
> wenn ich mich auch von dem
> transparenten weißen Licht löse,
> wenn ich meinem Bewusstsein erlaube,
> sich uneingeschränkt auszubreiten,
> wenn ich gelassen in die Wahrheit der
> objektiven Realität eintrete,
> wenn ich bereit bin, darin zu ruhen,
> dann wird mir doch noch vollständige Erlösung zuteil,
> dann verlasse ich doch noch das
> Rad der Wiedergeburt.

XXXIV – Auftritt der möglichen Eltern

Der Eigenlaut tausendfachen Donners grollt in der Tiefe des wahren Wesens der Wirklichkeit – als Zeichen, dass ich noch viel zu lernen habe. Wenn mir das Getöse Angst macht, so schärft es meine Aufmerksamkeit – solange ich Panik vermeide. Nun entscheidet sich, ob ich mich weiterentwickle oder Rückschritte mache. Falls ich vor Angst in Ohnmacht falle oder übermüdet von den Strapazen der Reise einschlafe, bleibt mir keine Wahl. Ohne eigene Einwirkung und die Chance, meine Situation zu verbessern, werde ich auf einer der sechs Daseinsebenen wiedergeboren.

Wenn ich jedoch wach bleibe, mich an die erhaltenen Lehren erinnere, mir die weiteren Unterweisungen bewusst vergegenwärtige und in allen auftretenden Manifestationen das Licht der allumfassenden ungeformten Weisheit erkenne, dann kann ich womöglich noch zu diesem späten Zeitpunkt Erleuchtung und Befreiung erreichen, ganz sicher werde ich jedoch meine Position im Rad des Lebens entscheidend verbessern.

Ich werde nun den kosmischen Geliebten als ewigen Vater mit seiner himmlischen Gefährtin als ewige Mutter in Vereinigung sehen. Ich werde sie so sehen, wie ich mir den perfekten Vater und die vollkommene Mutter immer vorgestellt habe. Ein schönes, anziehendes, hinreißendes Bild. Ich möchte die Frucht dieser Vereinigung sein. Nur das erscheint mir in diesem Moment erstrebenswert.

Doch so sehr ich es auch versuche, ich bleibe auf Distanz. Meine erfolglosen Bemühungen könnten mich traurig machen, sogar frustrieren. Bevor Trauer und Frustration in Verzweiflung münden, erkenne ich das himmlische Paar als Trugbild meiner wachsenden Sehnsucht nach Mutterschoß und Verkörperung. Um jetzt noch Befreiung zu erreichen, löse ich das Bild meiner Sehnsucht in das klare Licht der transparenten, objektiven Realität auf.

Sollte mir dies unmöglich sein, sehe ich männliche und weibliche Wesen in Vereinigung – Paare auf der Ebene meiner nahenden Wiedergeburt. Meine Dankbarkeit ist unermesslich. Wie habe ich mich danach gesehnt. Viel mehr, als ich dachte. Ich könnte vor Freude weinen. Meine Wiederverkörperung scheint zum Greifen nah. Und ich habe die Wahl. Wo ich hinsehe, erblicke ich mögliche Mütter, mögliche Väter. Viele und wechselnde Paare in Vereinigung. In allen erkenne ich auch die Urmutter und den Urvater. Eine Erkenntnis, die mich demütig stimmt und aus meiner Sehnsucht nach Eintritt in eine Gebärmutter eine sichere Absicht macht.

Selbst jetzt könnte es mir noch gelingen, in allen möglichen Urmüttern und Urvätern den einen himmlischen Vater, die eine göttliche Mutter zu sehen, um das Gesehene als Schöpfung meiner Sehnsucht zu erkennen, in transparentes klares Licht zu verwandeln und durch das Anschauen der einzig wahren Realität vollständige Befreiung zu erlangen.

Wenn mir noch die Ruhe und meditative Konzentrationsfähigkeit dazu fehlt, vergegenwärtige ich mir die Anwesenheit des kosmischen Geliebten und seiner himmlischen Gefährtin in jedem einzelnen Paar und richte folgende Bitte an sie:

> Wenn mich große Sehnsucht nach
> Wiederverkörperung umtreibt,
> wenn ich ruhelos nach Müttern und
> Vätern Ausschau halte,
> wenn ich übereilt in die nächste
> Gebärmutter eintreten will,
> dann mögen der kosmische Geliebte
> und seine Gefährtin bei mir sein,
> möge ihre liebevolle Vereinigung
> eine Lehre für mich sein,
> mögen sie mir helfen, die für mich
> günstigste Gebärmutter zu wählen,
> möge ich in ein lehrreiches neues
> Dasein geboren werden,
> mögen die Lehrer und Lehren meines kommenden
> Daseins mich zu baldiger Erleuchtung leiten.

XXXV – Sehnsucht, Anziehung, Täuschung und die erste Möglichkeit, eine Geburt zu verhindern

Meine meditative Ruhe und das Visualisieren des kosmischen Paares in Vereinigung hält den Eingang zu allen möglichen Gebärmüttern verschlossen. Ich habe also weiterhin freie Wahl. Das ist gut für mich, auch wenn meine Sehnsucht immer schmerzhafter wird und auf eine baldige Entscheidung drängt.

Weiterhin sehe ich Paare in lustvoller Vereinigung. Dank meiner verfeinerten Wahrnehmung spüre ich mit jeder Faser meines mentalen Seins, was sie spüren. Eine köstliche Erfahrung, die mich wie auf einem leuchtenden Leitstrahl in ihre Richtung zieht.

Ich spüre die Anziehung, genieße sie – und überwinde den mitreißenden Impuls, verharre in meditativer Ruhe, umso mehr, als ich in jedem Paar, das ich betrachte, den kosmischen Geliebten in Vereinigung mit seiner himmlischen Gefährtin erblicke. So bleibt die Gebärmutter verschlossen und mein Eintritt in ein neues physisches Dasein wird hinausgezögert.

Dies ist die Phase der Täuschungen. Ich sehe Paare anders, als sie wirklich sind, denn meine Wahrnehmung ist verklärend, positiv wie negativ. So kann es sein, dass ich Wesen als unbelebte Objekte ansehe, Menschen als Pflanzen, Geschlechter verwechsle und eine Gebärmutter mit einer Höhle in einem Baumstamm. In der Phase der Täuschungen kann ich nichts und niemandem vertrauen. Nur die liebevolle Präsenz des kosmischen Paares ist mir sicher und die Kraft meiner Meditation.

Dies ist die Zeit für Standfestigkeit. Wenn alles, was ich sehe, auf Täuschung beruht und sein wahres Wesen vor mir verbirgt, werde ich in die Irre laufen, wohin ich mich auch wende. Daher ist es ratsam, mich so wenig wie möglich zu bewegen, am besten vollkommen in

mir zu ruhen und im Bewusstsein meiner Sehnsucht keinerlei Anstrengungen zur Erfüllung der Sehnsucht zu unternehmen.
Ich bin meiner selbst gewahr und blicke in ein Labyrinth der Täuschungen. Wer und was auch immer mich anziehen mag – alles ist anders, als es scheint. In dieser Erkenntnis ruhe ich.
Konzentration auf das kosmische Paar in Vereinigung, bewegungslos und standfest, heißt die erste Möglichkeit, eine Gebärmutter zu verschließen und meinen Eintritt hinauszuzögern.

XXXVI – Die zweite Möglichkeit, eine Geburt zu verhindern

Dies ist die Zeit, in der sich entscheidet, ob es mit mir aufwärts geht oder ich auf einem Abstieg bin. In der Phase der Täuschungen sollte ich Wahrnehmungen grundsätzlich misstrauen. Ich nähere mich womöglich einem Irrtum, wohin ich mich auch bewege.
Wahrscheinlich fühle ich mich glänzend und königlich mit all meinen Möglichkeiten und magischen Fähigkeiten. Wahrscheinlich versetzen mich die umgebenden Szenen der Erotik und Sinnlichkeit in eine vibrierende Spannung, die nach Entspannung drängt. Vielleicht ist meine Standfestigkeit nur halbherzig und die Kraft meiner Visualisierung schon gebrochen, vielleicht ist die nächste Gebärmutter weit offen und ich bin kurz

davor, in sie einzutreten. Dann ist es höchste Zeit, innezuhalten und mich in eine meditative Haltung zu begeben, gleichgültig, wo ich gerade bin.

Auf den nächstbesten Punkt an einem unbewegten Objekt, einen kleinen Fleck, eine winzige Struktur, richte ich meine volle Aufmerksamkeit. Ich sehe nur noch den Punkt. Schaue darauf, ohne mit meinem Bewusstsein in den Punkt einzusinken. Unverwandt halte ich den Blick darauf. Wenn meine Konzentration vollständig von den Rändern meiner Wahrnehmung abgezogen und absolut aufs Zentrum gerichtet ist, dehne ich mein Bewusstsein langsam über alle sichtbaren Grenzen und Objekte aus.

Bis Grenzen und begrenzende Objekte verschwimmen und ich in vollständiger Ausdehnung verharren kann. Gelingt mir das auch nur für einen kurzen Moment, schließt sich der Zugang zur Gebärmutter, und mir bleibt die Freiheit, eine bessere Wahl zu treffen. Vermag ich aber in der Ausdehnung zu ruhen, ohne durch die geringste Anziehung abgelenkt und eingeengt zu werden, kann ich auch jetzt noch vollständige Befreiung erlangen.

XXXVII – Die Wahl des Geschlechtes und die dritte Möglichkeit, eine Geburt zu verhindern

Meine Widerstände gegen die erhaltenen Lehren und guten Ratschläge könnten so groß sein wie meine Sehnsucht nach neuer Verkörperung. Ich kann der Anziehung kaum noch standhalten. Da ist eine Gebärmutter, die mich lockt und einladend geöffnet ist.

Zu früh, das sollte ich wissen und augenblicklich innehalten. Wenn ich nun in Demut verharre, in dem attraktivsten Paar den kosmischen Geliebten und seine himmlische Gefährtin in Vereinigung sehe, wenn meine Demut ihnen gegenüber nur noch von meiner Liebe zu ihnen übertroffen wird und wenn ich in der Haltung demütiger Dankbarkeit verharren kann, so wird sich die Gebärmutter wieder schließen, damit ich folgende Lehre hören kann:

Falls ich eifersüchtig oder gar ärgerlich auf die männliche Hälfte eines Paares reagiere und mit Zuneigung oder Begierde auf die weibliche, werde ich als Mann geboren werden. Reagiere ich mit Eifersucht und Neidgefühlen auf das Lustverhalten der Frau und fühle mich gleichzeitig zum Mann hingezogen, erlebe ich meine kommende Inkarnation im Körper einer Frau. Je stärker meine Empfindungen sind, umso schneller und unbewusster trete ich in eine Gebärmutter ein.

Lasse ich mich von der Frau anziehen, trete ich durch die Vagina in ihren Uterus ein oder dringe durch Mund, Nase oder einen der oberen sechs Energiewirbel in ihren Körper, sinke über die Energieleitungen in die Gebärmutter, um als Mann geboren zu werden. Erliege ich der Verlockung durch den Mann, werde ich durch Mund, Nase oder einen der sieben Energiewirbel in seinen Körper gezogen, um mit seiner Ejakulation durch seinen Phallus in die Gebärmutter zu gelangen und meine Wiedergeburt als Frau zu erleben.

Ich vergegenwärtige mir nun, was im Falle meines Eintritts geschehen würde: Im Moment, wo es zur Befruchtung kommt, durchlaufe ich die letzten vier Stadien der Auflösung wie schon beim Prozess des Sterbens, erblicke das Licht der einen Quelle und verliere wieder das Bewusstsein. Es sei denn, ich bin ein Meister des Gewahrseins und habe gelernt, meine Aufmerksamkeit auch in diesem Stadium wach zu halten. Während ich dann die acht Stadien der Auflösung in umgekehrter Reihenfolge als Stadien der Verfestigung in einen physischen Körper durchlaufe, sinke ich wahrscheinlich in einen tiefen und traumlosen Schlaf, der nach und nach verträumter wird. Bis ich mich sogar als Träumer im Traum wahrnehmen kann.

Mit meiner Geburt werde ich als Schlafwandler ins individuelle Dasein treten. Ich werde auf meine ganz persönliche Art leiden und Spaß haben und beides im Übermaß dramatisieren. Wenn ich Angst und Not erlebe, wird mir das auf seltsame Weise vertraut vorkommen, ohne dass ich zu sagen wüsste, warum. Wahrscheinlich werde ich mich kaum an die Zeit zwischen Tod und Wiedergeburt erinnern und all die unangenehmen Erfahrungen vergessen haben, denen ich in den Übergangsphasen des Todes und des Werdens zu entkommen suchte. Falls ich Angst und Terror und Leid irgendwann satt habe, werde ich mir Lehrer suchen, die mich der Hoffnung auf Befreiung näher bringen. Das ist die Tretmühle des Lebens, und wie das Rad im Käfig zum Hamster, so gehört das Mahlen der Mühle dann wieder zu mir.

Doch noch bin ich eine Reisende im Labyrinth des Todes – auch wenn ich schon wieder an der Schwelle zum Irrgarten des Lebens und zur Wiederverkörperung stehe, womöglich darauf fiebernd, möglichst schnell in eine Gebärmutter einzutreten. Dies ist daher besonders wichtig zu wissen: Je länger ich der Sehnsucht standhalte und in Demut verharre, umso länger bleibt die vordergründig verlockendste Gebärmutter geschlossen und umso sicherer wird eine günstigere Wahl und eine für mich geeignetere Wiedergeburt.

XXXVIII – Die vier Arten der Geburt und die vierte Möglichkeit, sie noch zu verhindern

Falls die Gebärmutter noch immer geöffnet ist und mein Impuls, in sie einzutreten, eher gewachsen als geringer geworden ist, gilt es, Folgendes zu bedenken:
Es gibt vier Arten der Geburt. Geburt aus einem Ei oder einer Gebärmutter, wundersame Geburt und Geburt aus Wärme und Feuchtigkeit. Da ich in meinem Vorleben ein Mensch war, sehe ich nun menschlich anmutende Wesen in Vereinigung. Aber noch irre ich durch das Labyrinth des Todes, gefangen in der Sphäre der Täuschung. Nichts ist, wie es scheint. Die Wahrheit versteckt

sich. So kann ich nicht sicher sein, was ehrlich ist und was nicht. Auch wenn ich mich von Menschen umgeben glaube, so können sie doch in Wahrheit Wesen aus einer der übrigen vier Ebenen des Daseins sein. Götter in Menschengestalt, Titanen mit menschlichen Zügen, Tiere mit menschlichen Gesichtern, Hungergeister oder Höllenwesen, die sich als Menschen ausgeben.

So könnte es passieren, dass ich nichtsahnend und naiv in eine Falle tappe. Eine Gebärmutter, die menschlich anmutet, aber unmenschlich ist. Sowie ich bei meiner Geburt aus langem Schlaf erwache, erlebe ich mich womöglich als tierischer Typ. Zu Dummheit und instinktgeleiteter Existenz verdammt.

Kein Grund zur Beunruhigung. Noch kann ich das Beste aus meiner Situation machen, wenn ich Folgendes in Erinnerung behalte:

Ich bin auf dem richtigen Weg. Der Fall auf eine höllische oder von Hunger geprägte Daseinsebene wird zunehmend unwahrscheinlicher. Ebenso das Abgleiten auf die tierische Instinktebene. Die Möglichkeit der Wiedergeburt in ein höllisches menschliches Leben bleibt. Ebenso die Wahrscheinlichkeit eines menschlichen Daseins in einem Hungergebiet oder eines von tierischem Verhalten geprägten Lebens.

Ich konzentriere mich nun ganz auf diese Gedanken. Meine Sehnsucht nach Wiedergeburt schwindet in dem Maße, wie ich meinen Geist auf dieses Wissen ausrichten kann. Und die Gebärmutter wird wieder verschlossen.

XXXIX – Die fünfte Möglichkeit, eine Geburt noch zu verhindern

Sollte mich auch jetzt noch Sehnsucht nach Wiederverkörperung in die Nähe einer geöffneten Gebärmutter ziehen, sollte ich in diesem Moment in sie eintreten wollen, halte ich mich ein letztes Mal zurück und meditiere über die nachfolgenden Gedanken:
Ich bin eine wandernde Seele im Labyrinth des Todes auf dem Weg in ihre wahre Heimat. Solange ich von meinem Ziel entfernt bin, ist alles, was ich sehe, Illusion, und auf Illusionen beruht auch jedes Gefühl. Diese Reise sollte mich meinem Ziel näherbringen, aber bisher irrte ich durch das Labyrinth der Täuschungen.
Blitz, Donner, Sturm, Feuer und Flut erschreckten mich und werden es womöglich wieder tun, dabei sind sie in Wahrheit nur Manifestationen meiner eigenen Fantasie.
Paare in geschlechtlicher Vereinigung ließen mich sehnsüchtig nach Wiedergeburt lechzen und tun es immer noch. Auch wenn sie real wirken, existieren sie in Wahrheit nur in meiner Einbildung.
Mit Eifersucht und Abneigung reagierte ich auf mögliche Väter und fühlte mich angezogen und voller Begierde gegenüber möglichen Müttern oder umgekehrt. Abneigung und Begierde speisen sich aus Erinnerungen an mein vergangenes Leben und dessen Vorleben und beruhen auf meinen Illusionen über mich.

Denn in Wahrheit bin ich Licht, klares, leuchtendes, weißes Licht. Weiß wie das Licht eines wolkenlosen Himmels vor Sonnenaufgang. Leuchtende Leere in der Leere. Intelligent, bewusst, ewig und ungeformt.

Alle Formen sind Täuschungen, geboren aus Form vortäuschenden Gedankenformen, deren eigentliche Natur die Leere ist. Alles, was mich ängstigte und womöglich noch ängstigen wird, alles, was mir attraktiv erschien und mir womöglich noch attraktiv erscheint, alles, was ich dachte und womöglich weiter denken werde, wen oder was ich auch als getrennt von mir und mir wesensgleich sah, und sei es mein kosmischer Geliebter – alles und jedes beruht auf Illusion.

Denn in Wahrheit gibt es nur mich, das klare Licht der objektiven Wirklichkeit.

Wenn ich mir einbilde, es gibt sonst noch wen oder was außer mir, wenn ich vorgebe, Angst zu haben vor irgendwas oder Sehnsucht nach irgendwem, wenn ich so tue, als ob die Realität nicht existiert, sondern nur die Lüge, dann belüge ich mich selbst. Denn außer mir gibt es in Wahrheit niemanden, den ich noch belügen könnte. Ich bin die Realität. Und nichts als die Realität. In Ewigkeit. Auch wenn ich es fast eine Ewigkeit lang kaum wahrhaben wollte und womöglich noch immer wenig will.

Diese Unterweisungen und selbst ihr Nutzen, meine Stimme, meine Wahrnehmung, mein Ich und sogar meine Essenz, mein hochfeines Selbst gehören in Wahrheit ins Reich der Illusion. Ebenso Planeten, Sonnen, Götter, Titanen, Menschen, Tiere, Hunger- und Höllenwesen und die entsprechenden Daseinsebenen. Alles Täuschung. Aus der Kraft meiner Fantasie geboren und mit ihrer Macht am Leben erhalten.

Ich war die Illusion eines Reisenden und reiste durch den kosmischen Irrgarten der Täuschungen. Traum und Träumer zugleich. Nun bin ich aufgewacht. Nun gibt es nichts mehr, wonach ich mich sehnen könnte, wovor ich Angst haben oder wobei ich Widerstand empfinden könnte. Keine grimmigen Geister, keine bedrohlichen Katastrophen, keine beängstigenden Schatten, keine Mütter, keine Väter, keine Paarungen, keine Gebärmütter, keine Geburten, keine Leben, keine Kriege, keine Morde, keine Schmerzen, keine Krankheiten, keine Toten, keine Wiedergeburten, keine Gefühle, keine Gedanken, keine Worte.

Jetzt bin ich frei. Frei von allen Illusionen, substanziellen wie substanzlosen, die ohne Ausnahme Projektionen meines Bewusstseins waren. Ich bin die ungeschaffene, ungeborene Leere in der strukturlosen leuchtenden Leere. Ich habe kein Zentrum. Ich bin ohne Anfang und Ende. Ich bin nicht länger, *wie* ich bin. Ich bin, *was* ich bin. Ich bin. Ohne Form und ohne Instinkte, ohne Gefühle, ohne Gedanken, ohne Worte, die mich noch begrenzen könnten.

In diesem Bewusstsein könnte ich auch jetzt noch endgültig erleuchtet werden.

Sollte die vollständige Befreiung noch auf sich warten lassen, meditiere ich immer wieder über mein wahres Wesen und die Illusion allen individuellen Seins. Wie

Wasser, das in Wasser gegossen wird, fließt mein Geist in die Leere der Leere und löst sich in das transparente klare Licht der wahren Wirklichkeit auf. Denn solange ich im Fluss bleibe, bleiben alle Gebärmütter geschlossen, und ich muss in keine von ihnen eintreten.

Die Wachphase der Wiedergeburt

XL – Grundsätzliche Belehrung vor der Wiedergeburt

Wenn ich bisher keine Befreiung erlangt habe, sollte ich die nächste Gelegenheit ergreifen. Falls ich die nächste verpasse, wird es eine übernächste geben. Je mehr Chancen im Labyrinth des Todes in der Phase des Werdens aber ungenutzt bleiben, umso schwieriger wird es, eine weitere zu meinem Besten zu verwenden. Deshalb wurde ich durch Belehrungen immer wieder darauf hingewiesen.

Die Unterweisungen haben mir den Strauß meiner Möglichkeiten gezeigt. Jede eine Knospe, die darauf drängte, sich zur Blüte zu entfalten. Die mögliche Rose, die mögliche Orchidee, die mögliche Lilie – ich habe ihre potenzielle Schönheit gesehen und bin doch an dem aufscheinenden Wunder ihrer Entfaltungsmöglichkeit vorbeigegangen. Denn ich bin die Rose, die Orchidee, die Lilie. Im Moment, wo ich aufblühe, wachse ich über mich selbst hinaus, werde transparentes, klares, weißes Licht und verblühe im gleichen Moment als schönster Ausdruck meines schwindenden Selbst in der ewigen, formlosen, intelligenten Leere. Diese Möglichkeit hat mir Angst gemacht.

Sie muss mir Angst gemacht haben, sonst hätte ich sie ergriffen. Meine Angst hatte viele Gesichter. Im Labyrinth des Todes habe ich sie alle gesehen. Sie schienen wesenhaft und von außen auf mich einzustürmen, dabei waren sie lediglich Ausgeburten meiner eigenen Fantasie, erschaffen aus Erinnerungen und Verhaltensmustern meines vergangenen Lebens. Sie versetzten mich in schreckliche Angst, immer wieder auch in Panik, ich fiel sogar in Ohnmacht, wachte jedoch wieder auf und sah ganz klar, fühlte sehr genau und hörte besser als je zuvor. Siebenmal schärfer als zu Lebzeiten. Geschärft auch durch meine Angst.

So konnte ich allen, oder fast allen, Unterweisungen folgen und das meiste davon behalten. Ich hörte und höre die Stimme, die diese Belehrungen liest, wie meine eigene in meinem Kopf. Ein Anker in tosender See. Was ich höre, gibt mir Halt und Hinweis. Das war und ist sehr wichtig für mich. Oft war ich unsicher, wohin ich mich im Labyrinth des Todes wenden sollte. Die Belehrungen haben mir geholfen, eine Richtung zu finden: keine. Denn sie haben mir die Kraft gegeben, in mir selbst zu ruhen. In der Hoffnung, dass ich dieses Selbst, den letzten Rest meines ich-bezogenen Seins, auch noch loslassen kann.

So weit war und bin ich noch nicht. Deshalb muss ich nun wiedergeboren werden, um nach meinem nächsten Tod erneut durch das Labyrinth des Todes zu wandern. Dabei werde ich mich an diese Belehrungen erinnern. Mögen sie gleichzeitig gelesen werden. Das wird doppelt hilfreich sein für mich.

Ich gehöre nicht zu denen, die Belehrungen grundsätzlich ablehnen, weil sie sich einbilden, alles besser zu wissen. In ihrer Verblendung und Überheblichkeit, Ignoranz und Selbstgefälligkeit kreieren sie eine Welt des Leidens um sich herum und meiden jeden Hinweis, der sie aus ihrer traurigen Lage befreien könnte. Für endlose Zeiten müssen diese Individuen durch die sechs Ebenen des ich-bezogenen Daseins irren. Unfähig, den Grund ihres Leidens zu erkennen. Unfähig, aus ihrem Los irgendwelche Erkenntnisse zu ziehen. Unfähig, den kleinsten Schritt zu ihrer Befreiung zu tun.

Dabei ist es so einfach: Sie brauchen gar nichts zu tun. Sie müssen keine Anstrengungen unternehmen, ihre Probleme loszuwerden, ihre Neurosen und Psychosen abzulegen, ihren Hass und ihre Gier zu verstecken, ihre Ängste und ihre Krankheiten zu überwinden, ihre Wünsche zu befriedigen und ihre Ziele zu erreichen. Was sie tun, wird ihre Schwierigkeiten eher wachsen lassen. Je mehr sie sich bewegen, arbeiten, nachdenken, von einer Möglichkeit zur nächsten Wahrscheinlichkeit hetzen, umso gestresster und ruheloser werden sie, umso größer werden ihre Probleme und ihre Verstrickungen darin. Schnell sind sie mit ihren Problemen und Verstrickungen so beschäftigt, dass sie keine Zeit mehr haben, einen klaren Gedanken zu fassen. Einen Gedanken, der sie erkennen lässt, wo sie wirklich stehen und wer sie in Wahrheit sind: klares, selbstloses, intelligentes Licht, ungetrennt von irgendwas, verbunden mit allem, was nicht ich-bezogen ist.

Vielleicht ahnen sie, dass sie Träumer sind, gefangen in einem Alptraum aus bedrückenden Visionen. Wahrscheinlich werfen sie sich im Schlaf ihres Lebens unruhig von einer Seite auf die andere, bitten händeringend darum, aus diesem furchtbaren Traum erlöst zu werden. In ihrer Verzweiflung unternehmen sie alles Mögliche, um sich selbst aufzuwecken. Manche wählen Selbstmord als letzte verzweifelte Chance.

Dies ist niemals von Erfolg gekrönt. So wachen sie nicht auf, sondern schlafen nur umso fester, tiefer und länger. Gefangen in den traumatischen Dimensionen ihres Daseins.

Denn die einzige echte Chance ist, nichts zu wollen, nichts zu tun, nichts zu bekämpfen, mit nichts zu ringen und alle Wünsche, sämtliche Kämpfe und jedes Ringen einfach von sich abfallen zu lassen. Bis nichts mehr da ist, keine Wünsche, keine Hoffnungen, keine Ängste, keine Widerstände, nur noch die eigene Essenz, die sich in ihrer Reinheit in das Licht der Ewigkeit auflöst.

Vollständig erwacht.

Ich selbst, aber auch die genannten Individuen, können augenblicklich befreit werden, wenn sie im Bewusstsein ihrer Not folgende Anrufung sprechen und verstehen:

Ich nehme Zuflucht zur Reinheit des ungeformten Seins.
Ich nehme Zuflucht zum klaren
Licht der objektiven Realität.
Möge ich in dem kosmischen Geliebten
meine Heimat finden.
Möge die Gemeinschaft der Heiligen mir helfen.
Möge ich in diesem Moment erleuchtet
und befreit werden.

XLI – Visionen zur Wiedergeburt

Da ich an der Illusion des Daseins festhalte, wird es jetzt Zeit, einen Körper anzunehmen. Wenn ich als Mensch wiedergeboren werden soll, erblicke ich das bläuliche Licht der Menschenwelt und Hinweise, auf welchem Kontinent, in welchem Land und an welchem Ort ich geboren werden soll.

Ich erinnere mich: Noch bin ich in der Sphäre der Täuschungen, und nichts ist hier, wie es scheint. So bieten alle nun auftretenden Erscheinungen mir nur Anhaltspunkte, die ich richtig deuten muss.

Wenn ich rote Häuser sehe, brennende Öfen, schwarze Gruben auf einer Insel der Dunkelheit, wenn ich Explosionen höre und Schlachtenlärm, metallisches Bersten, Quietschen, leise Schreie und eine schwarze Wolke sehe, die über einer toten Landschaft liegt, dann wende ich mich unmissverständlich ab. Denn dies ist die Höllensphäre, eine Welt voller Terror, Folter, der Lust am Terror, der Lust an der Folter, gepaart mit endlosen, grausamen Qualen. Dort habe ich nichts verloren und nichts zu suchen. Umso leichter halte ich mich von dieser Sphäre fern.

Wenn ich gelben Nebel sehe, verkohlte Baumstümpfe, Schatten, dunkle Schluchten voller Höhlen und schwarzer Erdlöcher, gekachelte Wände und verrauchte Räume, darf ich mich um keinen Preis dorthin begeben. Aus der Welt der hungrigen Geister gibt es für eine lange, qualvolle, durstige und durchhungerte Zeit kein Entkommen.

Wenn ich einladende Höhlen, Erdlöcher und Grasbetten in grünlichem Schleier sehe, erliege ich keinesfalls der Verlockung, in eine der Höhlen einzutreten, mich in ein Loch zu verkriechen oder ein Bett aus Gras zu legen. Dann würde ich als tierischer Typ geboren werden. Geleitet von Instinkten, begrenzt durch mangelnde Intelligenz, gejagt von Feinden und womöglich allzu bald zu Tode gehetzt, ohne die Chance, meine Lage durch Verstehen zu verbessern.

Wenn ich kreisende Feuerräder erblicke, angenehme Haine und liebliche Landschaften in das rote Licht eines Sonnenuntergangs getaucht, sollte ich auf keinen Fall dorthin gehen. Dies ist die Sphäre der Titanen. Ein nicht enden wollendes titanisches Leben lang müsste ich aus Eifersucht die Götter bekämpfen.

Wenn ich Dünen erblicke, Vögel über ausgetrockneten Flüssen und Seen kreisen sehe und den Gesang kehliger Stimmen höre, dann ziehe ich weiter, weil mich sonst ein Leben in materieller Armut erwartet.

Wenn ich viele glitzernde Lichter und einen großen See erblicke, dann wende ich mich besser ab, denn dort ist die Lehre zur Befreiung noch kaum lebendig und alles Dasein von materiellen Fragen geprägt.

Wenn ich einen Hügel oder ein Tal sehe und in dem Tal oder auf dem Hügel vereinzelte Häuser entdecke und Felder erblicke, auf denen Korn wächst und Vieh grast, sollte ich ebenfalls weiterziehen, denn die Lehre von der endgültigen Befreiung hat dort noch keine Wurzeln geschlagen.

Wenn ich flaches Land sehe, rote Erde erblicke und leises Murmeln höre, so wende ich mich ab, weil die Lehre zur Befreiung dort in Vergessenheit geriet und der Weg zur endgültigen Erleuchtung nicht mehr beschritten wird.

Wenn ich viele kleine Seen erblicke, auf denen Schwäne und Enten schwimmen, könnte ich mich dort niederlassen, sollte aber wissen, dass die Lehre zur Befreiung dort noch eine grüne Pflanze ist, die eben erst austreibt.

Wenn ich ein weißes Haus auf einem grünen Hügel erblicke, gesäumt von immergrünen Bäumen, und den Klang von Glocken höre, so schwebe ich dorthin. Gelingt es mir, das Haus zu betreten, bin ich gut beraten, dort zu bleiben. Ein angenehmes Leben erwartet mich und die Chance der Erleuchtung.

Wenn ich Klöster an schneebedeckten Hängen erblicke und Tempel auf weißen Bergspitzen, sollte ich versuchen, in einen der Tempel oder in eines der Klöster hineinzukommen, denn dann werde ich in ein meditatives Leben eintreten und auf dem Pfad zur Erleuchtung gehen.

Wenn ich Paläste erblicke, die mit Juwelen geschmückt sind und mir entzückend erscheinen in strahlend weißem Licht, sollte ich einen davon betreten, dort verweilen und ein göttliches Leben führen.

XLII – Der letzte Ansturm der Evolution

Es ist mir gelungen, Titanen-, Höllen-, Hunger- und vertierten Welten fernzubleiben. Es muss mir gelungen sein, denn noch bin ich eine reisende Seele im Labyrinth des Todes. Und das ist gut so, auch wenn mich jetzt der Wirbelsturm der Evolution erfasst.
Mir bleibt womöglich kein noch so geringer Rest von Standhaftigkeit. Ich bin auf der Flucht wie nie zuvor. Schatten jagen mich, vielleicht Mörder, vielleicht ganze Armeen. Alles und jedes, vor dem ich Angst habe, ist mir auf den Fersen. Vielleicht umgibt mich Finsternis. Vielleicht fliehe ich vor krachenden Geräuschen, Gewittern, Schnee, Regen und Hagel in gewaltigem Maß. Vielleicht höre ich Schreie und Stimmen, die Weisungen brüllen. Vielleicht umgibt mich Verwirrung, vielleicht Gebrüll von allen Seiten. Es will mich in eine bestimmte Geburt drängen. Vielleicht bin ich umgeben von sadistischen Wesen, die mir Befehle geben, weil sie angeblich wissen, was in diesem Moment für mich das Beste ist. Panisch könnte ich fliehen wollen. Jede Zuflucht käme mir da gerade recht.
Glücklich, wenn es die Blüte eines Lotos, einer Lilie oder einer Rose wäre, Inbegriff göttlicher Geburt. Glücklich, wenn es ein Tempel auf einem schneebedeckten Hügel wäre, Sinnbild eines spirituellen Lebens in menschlichem Körper. Glücklich, wenn es ein weißes Haus auf einem grünen Hügel wäre, Sinnbild eines angenehmen menschlichen Lebens mit der Chance der Erleuchtung.

Sollte ich mich in einer Höhle, einem Erdloch oder im Dickicht des Waldes verborgen haben, krieche ich augenblicklich hinaus und spreche folgendes Gebet:

> Wenn mich das Grauen ergreift,
> wenn mich Panik jagt,
> möge ich den kosmischen Geliebten erblicken,
> möge er meine Feinde in Schach halten,
> möge ich mit seiner Hilfe einen guten Mutterleib wählen.

XLIII – Wiedergeburt im Reinen Land des Wissens

Die Horde hat mich überrollt. Zerschmettert liege ich womöglich da. Zusammengekauert, voller Angst, dass die Rotte gleich wiederkommt, will ich mich nur noch retten, egal, wohin. Retten vor Krieg und Katastrophen, retten vor dem Zugriff der Jäger und Mörder. Der Sturm der Evolution war ein Orkan für mich. Ich fühle mich, als habe die Macht der Evolution kaum ein gutes Haar an mir gelassen, elend und am Boden zerstört, doch das ist eine Lüge. Wahr ist, meine Wiedergeburt ist jetzt unvermeidlich, zu groß ist meine Sehnsucht nach Zuflucht und Festigkeit. Dennoch bleibt mir die Möglichkeit, mein nächstes Leben mit Bedacht zu wählen.
So konzentriere ich all meine Kraft und all meinen Willen auf die klare Formulierung folgender Worte:
Ich bin eine Gejagte im Labyrinth des Todes. Viel zu lange schon befinde ich mich auf der Flucht. Seit Äonen

laufe ich vor meinem wahren Wesen davon. Irre durch den Sumpf des Lebens, rotiere im Rad endloser Wiedergeburt, verstricke mich immer mehr in die Illusion materiellen Daseins. Bis ich nicht mehr erkennen kann, dass die Mörder meine eigenen Gedanken sind und die Dämonen und Schatten meine eigenen dunklen Absichten. Ich habe die Verblendung satt und möchte jeglicher Täuschung endgültig entfliehen. Es wird mir wohl kaum sofort gelingen, aber mit der Wahl einer günstigen Wiedergeburt kann ich meine Chancen auf Befreiung entscheidend verbessern.

Wo ich mich in diesem Moment auch befinden mag, ich visualisiere nun weißes Licht und inmitten dieses Lichtes einen weißen Tempel mit einem Tempelgarten. In dem Garten wächst eine Rose, eine Lilie oder ein Lotos mit einer einzigen Knospe, weiß wie der Tempel und das Licht. Ich beuge mich über die Knospe. Während ich mich über sie beuge, öffnet sie sich ein wenig. Durch den Spalt in den zarten Blütenblättern blicke ich in einen prächtigen Palast. Dies ist der Palast göttlichen Gewahrseins im Reinen Land des geformten göttlichen Wissens. Im Reinen Land haben alle Wesen Körper aus Licht. Sie sind beseelt von reiner Liebe. Wie Engel essen und trinken sie Licht. Streit und negative Gefühle sind ihnen unbekannt. Dafür gelingt ihnen Meditation umso leichter, und endgültige Befreiung ist ihnen nah.

Im Moment, wo ich in der Knospe den Palast erblicke, erliege ich seiner Anziehung und werde auf wundersame Weise im Reinen Land des Wissens wiedergeboren.

XLIV – Der kosmische Geliebte siegt über die Dämonen

Ich irre noch durch das Labyrinth des Todes und fühle mich wahrscheinlich getriebener als je zuvor. Der letzte Rest meiner Ruhe und Standhaftigkeit ist dahin. In diesem Augenblick ist mir alles recht, die nächste Zuflucht, die sich mir bietet, wird meine sein. Die Häscher sind hinter mir her. Sie jagen mich. Sie stürmen auf mich ein. Donner und Angst machen mich taub. Ich weiß, dass ich schreie, aber ich höre mich nicht. Das ist die Panik, die durch mein Bewusstsein fegt. Ich bin allein, Hilfe ist nirgendwo in Sicht.

In meiner Not visualisiere ich den kosmischen Geliebten. Mächtig und leuchtend wächst er über alle Angreifer hinaus. Er hat nun viele Arme und viele Augen und kann viele Gegner auf einmal in die Flucht schlagen. Wie eine Säule aus Licht steht er da. Wo er sich hinwendet, lösen sich Hass, Mordlust und Terror in Licht auf. Staunend beobachte ich die Verwandlung. Der Anblick gibt mir neue Kraft, und ich erinnere mich:

Die Häscher sind Ausgeburten meiner Fantasie. Ich habe die Macht, alle meine inneren Dämonen zu besiegen. Soeben habe ich das getan. Denn auch der kosmische Geliebte entsprang meiner eigenen Vorstellungskraft. Sollten die Feinde meines wahren Wesens wiederkommen, werde ich sie erneut besiegen. Jetzt und in meinem nächsten Leben. Auf diese oder eine andere Art.

XLV – Der Eintritt in den Mutterleib

Dieses Wissen gibt mir nun die Freiheit, eine günstige Wiedergeburt zu wählen.
Jetzt ist die Zeit dafür.
Ich wähle ein Leben als Lehrer des wahren Wissens, soweit es mir zur Verfügung steht, und ich werde von anderen Lehrern umgeben sein, die mir bei meinem Wachstum helfen werden. Gemeinsam lehren, lernen und meditieren wir. Damit wir selbst und andere Erleuchtung und Befreiung erlangen. Dieses Leben wird eine große Gnade und Freude sein, geschenkt von einer Mutter und einem Vater, deren Liebe und Weisheit meine wichtigste Nahrung wird. Mein Körper wird der Tempel Gottes sein. Ein Tempel, der mich zur absoluten, einzigen und vollständigen Wahrheit führt. Ins transparente klare Licht der objektiven Wirklichkeit, ins Licht der einen Quelle. In dieser Vorstellung ruhe ich jetzt. Ich blicke in einen Himmel, leuchtend weiß und unbewölkt wie an einem Morgen vor Sonnenaufgang.
Dies ist das klare Licht vor dem Sonnenaufgang meines weiteren Lebens. Ich erblicke es jetzt. Tauche ganz darin ein. Löse mich darin auf. Als Leere in die Leere des intelligenten Lichts. Ich bin angekommen. Ich bin befreit. Ich bin. Außer mir.

Hält mich ein letzter Rest von Angst zurück, ignoriere ich diesen Rest, so gut ich kann. Sämtliche erhaltenen Lehren erinnere ich nun.

Sollte ich wieder den kosmischen Geliebten erblicken, wahrscheinlich im Kreis der Heiligen, achte ich darauf, wie ich gerufen werde, denn es wird mein ursprünglicher Name sein. Jener Name, den ich seit Urzeiten durch die Inkarnationen trage. Dieser Name soll mich daran erinnern, dass ich schon lange auf der Wanderschaft bin. Auf einer Mission, deren höchstes Ziel meine Befreiung ist.

Noch etwas hält der kosmische Geliebte für mich bereit: meine wichtigste Aufgabe in meinem nächsten Leben, und er nennt sie mir nun. Ich präge sie mir gut ein. Im nächsten Leben werde ich mich an sie erinnern, um sie zu erfüllen. Die Erfüllung wird es mir leichter machen, mein eigentliches Ziel zu erreichen.

Wenn ich nun einen Mutterleib erblicke, der mir sinnlich anziehend erscheint, meide ich ihn.

Wenn mir ein Mutterleib abstoßend erscheint, mich aber gleichzeitig anzieht, meide ich ihn.

Wenn mir ein Mutterleib exzellent, perfekt und ausgezeichnet erscheint, ohne mich auch nur im Geringsten sinnlich anzuziehen oder abzustoßen, so trete ich im Bewusstsein gleichmütiger Liebe und meditativer Ruhe in ihn ein und spreche folgendes Gebet dabei:

Verehrte Urmutter allumfassenden Erbarmens,
verehrte Gebärerin reiner Liebe und ewiger Weisheit,
möge Deine Gnade und Dein Segen mich in
meinem künftigen Leben begleiten und leiten,
möge ich mit Deiner Hilfe die göttliche
Wahrheit in meinem Dasein erkennen,
möge ich im klaren Licht der objektiven Realität
endgültige Erleuchtung und Befreiung erlangen.

Über den Autor

Otmar Jenner kannte Spiritualität und geistiges Heilen von seinem Vater. Nachdem er zunächst als Journalist und Kriegsreporter tätig war, weckte ein Nahtoderlebnis erneut sein Interesse daran. Seit rund zehn Jahren leitet der Bestsellerautor das »Zentrum für Energetisches Heilen« in Berlin, wo er als Geistheiler eng mit Ärzten zusammenarbeitet.

Weitere Informationen unter:
www.otmarjenner.de

Die »Sterbegesänge« sind auch – von Otmar Jenner gelesen und mit Musik untermalt – auf CD erschienen.

Otmar Jenner:
Sterbegesänge
Ein Reiseführer in die nächste Welt

4 CDs, ca. 280 Min.
ISBN: 978-3-8434-8249-3

Der erfahrene Sterbebegleiter Otmar Jenner bietet Menschen, die an der Schwelle zur nächsten Welt stehen, Orientierung auf dem Weg hinüber. Damit die Seele sicher den Ausgang aus ihrem Labyrinth findet und ins Licht eingehen kann, werden die möglichen Erfahrungen so präzise benannt, wie es geht.
Die professionell und einfühlsam gelesenen und musikalisch hinterlegten »Gesänge« sind eine Unterstützung am Sterbebett.

Außerdem von Otmar Jenner
im Schirner Verlag erschienen:

Otmar Jenner & Irina Kornilenko:
Heilgesänge

ca. 50 Min.
ISBN: 978-3-8434-8250-9

Mit Otmar Jenner und Irina Kornilenko begegneten sich zwei Menschen, die mit ganzem Herzen Musiker sind und die Heilung bewirken möchten. Aus ihrer kreativen Zusammenarbeit sind zehn kraftvolle Stücke entstanden. Durch das Anhören wird körperliche wie geistig-seelische Heilung gefördert, etwa können das Herz gestärkt, der Rücken aufgerichtet, Geburtstraumata gelöst und energetische Blockaden überwunden werden.
Hier fallen Heilung und Hörgenuss zusammen!

Otmar Jenner:
Karma Healing

112 Seiten
ISBN: 978-3-8434-5052-2

Sie sammeln mit der Zeit einiges an Karma an: gutes, nicht so gutes, gar nicht gutes. Geformt wird es von allen Ihren Handlungen, Gefühlen und Gedanken – nicht nur in diesem Leben, sondern auch in vorigen. Dadurch sind Sie, wie Sie sind, und handeln, wie Sie handeln – selbst wenn Ihnen das manchmal vielleicht gar nicht so gefällt. Auch Krankheiten oder Blockaden können aus Ihrem Karma entstehen.

Schütteln Sie diese Einschränkungen ab, und leben Sie Ihr Leben endlich ganz und gar frei und selbstbestimmt!

Index

10 Years!	28	Geocaching.com	19, 67
A.P.E. Cache	25	Geocaching.de	19, 50, 96
Alphabet	113	Geocoin	42
Analoge Uhr	116	Geopins	46
ASCII-Codes	121	Geotoken	48
Attribute	31	GeoTours	82
Ausrüstung	52	Giga-Event	24
Autobahncaches	84	GPS	52
Benchmarks	29	Grandfathered Caches	26
Beweglicher Cache	30	Größen	34
Blindenschrift	110	Groundspeak Inc.	19
Block Party	26	Grundausstattung	56
Borreliose	100	Gruppe	92
Chirp	32	**H**andy	111
CITO-Event	25	Headquarters Cache	25
Deutsche Wanderjugend	9	Hirschlausfliege	100
Difficulty	35	**I**nternet	67
Digitale Uhr	115	Irish, Jeremy	16
Drive-In	29	**J**eep 4x4	44
Earthcache	22	**K**artenbezugssystem	70
Erste-Hilfe	58	Kartengitter	70
Event	24	**L**ab-Cache	26
Event Cache	31	Large	34
Farbkennung	124	Letterbox Hybrid	22
Fingeralphabet	119	Locationless	28
Flaggencode	119	Loggen	38, 44
Fox-Code	116	Lost Place	32
Freimaurer	118	**M**athe-/Physikcache	30
FSME	98	May, Karl	12
Fuchsbandwurm	100	Maya	115
Funktion von GPS	18	Maze	26
GC-Slang	100	Mega-Event	24
Gefahren	96	Micro	34
Gelände	35	Morsealphabet	110
Genauigkeit	68	Multi-Cache	21

Multicache	29	Serien	82
Multimeter	62	Small	34
Mystery/Puzzle	21	Smartphone	52, 62
Nachtcache	32	Souvenirs	48
Nachtcaching	84	Spartphone	68
Nano	34	Stammtöne	120
Natur	94	Suchen	74
navicache	20, 68	**T**ablet	62
Netbook	62	Tarnen	92
Nordreferenz	70	Telegrafenalphabet	112
Normaler Cache	29	Terrain	36
Notennamen	120	Themencaches	82
Opencaching.de	19, 68	Trackable items	46
Other	35	Traditional	20
PC-Tastatur	112	Travel Bug (TB)	42
Polybius-Code	116	**U**mwelt	94
Powertrails	84	Unbekannter Cachetyp	31
Projizieren	72	**V**er-/Entschlüsselungen	110
Qualität	70	Verstecken	88
Quick-Links	124	Virtual	26
Rätselcache	30	Virtueller Cache	30
Regeln	88	**W**artung	64, 90
Regular	34	Webcam	28
Reißzwecken	121	Webcam Cache	31
Reverse	28	WGS84	70
Richtungsangaben	70	Wherigo	21
Römische Zahlen	114	Winkeralphabet	117
ROT-13	110	Winter	64
Rudelcachen	93	Wood Geocoin	48
Runen	120	**Z**ecken	98
S.S.o.C.A.	44		
Safari-Cache	30		
Schwierigkeitsgrade	35		
Schwierigkeitsgradrechner	38		
Selective Availability, S/A	15		